Tucholsky Wagner Zola Scott Sydow Freud Schlegel
Turgenev Wallace Fonatne
Twain Walther von der Vogelweide Fouqué Friedrich II. von Preußen
Weber Freiligrath Frey
Fechner Weiße Rose von Fallersleben Kant Ernst Frommel
Fichte Richthofen
Hölderlin
Engels Fielding Eichendorff Tacitus Dumas
Fehrs Faber Flaubert
Eliasberg Ebner Eschenbach
Maximilian I. von Habsburg Fock Eliot Zweig
Feuerbach Vergil
Ewald
Goethe Elisabeth von Österreich London
Mendelssohn Balzac Shakespeare Dostojewski Ganghofer
Lichtenberg Rathenau Doyle Gjellerup
Trackl Stevenson Hambruch
Mommsen Tolstoi Lenz Droste-Hülshoff
Thoma Hanrieder
von Arnim Hägele Hauff Humboldt
Dach Verne
Karrillon Reuter Rousseau Hagen Hauptmann Gautier
Garschin
Damaschke Defoe Hebbel Baudelaire
Descartes
Hegel Kussmaul Herder
Wolfram von Eschenbach Dickens Schopenhauer
Darwin Melville Grimm Jerome Rilke George
Bronner Bebel Proust
Campe Horváth Aristoteles
Bismarck Vigny Barlach Voltaire Federer Herodot
Gengenbach Heine
Storm Casanova Tersteegen Grillparzer Georgy
Chamberlain Lessing Langbein Gilm
Gryphius
Brentano Lafontaine
Strachwitz Claudius Schiller Kralik Iffland Sokrates
Bellamy Schilling
Katharina II. von Rußland Gerstäcker Raabe Gibbon Tschechow
Löns Hesse Hoffmann Gogol Wilde Vulpius
Luther Heym Hofmannsthal Klee Hölty Morgenstern Gleim
Roth Goedicke
Heyse Klopstock Kleist
Luxemburg Puschkin Homer Mörike
La Roche Horaz Musil
Machiavelli
Navarra Aurel Musset Kierkegaard Kraft Kraus
Nestroy Marie de France Lamprecht Kind Kirchhoff Hugo Moltke
Laotse Ipsen Liebknecht
Nietzsche Nansen
Marx Ringelnatz
von Ossietzky Lassalle Gorki Klett Leibniz
May vom Stein Lawrence Irving
Petalozzi
Platon Knigge
Pückler Michelangelo Kafka
Sachs Poe Kock
Liebermann Korolenko
de Sade Praetorius Mistral Zetkin

Der Verlag tredition aus Hamburg veröffentlicht in der Reihe **TREDITION CLASSICS** Werke aus mehr als zwei Jahrtausenden. Diese waren zu einem Großteil vergriffen oder nur noch antiquarisch erhältlich.

Symbolfigur für **TREDITION CLASSICS** ist Johannes Gutenberg (1400 — 1468), der Erfinder des Buchdrucks mit Metalllettern und der Druckerpresse.

Mit der Buchreihe **TREDITION CLASSICS** verfolgt tredition das Ziel, tausende Klassiker der Weltliteratur verschiedener Sprachen wieder als gedruckte Bücher aufzulegen – und das weltweit!

Die Buchreihe dient zur Bewahrung der Literatur und Förderung der Kultur. Sie trägt so dazu bei, dass viele tausend Werke nicht in Vergessenheit geraten.

Reportagen

Joseph Roth

Impressum

Autor: Joseph Roth
Umschlagkonzept: toepferschumann, Berlin

Verlag: tredition GmbH, Hamburg
ISBN: 978-3-8472-6039-4
Printed in Germany

Text der Originalausgabe

Joseph Roth

Reportagen

Unbekannte politische Arbeiten 1919 bis 1927

Wien

1919 und 1920

Von Hunden und Menschen

Der Neue Tag, 1. 8. 1919

Zu den vielen Straßenbildern des Wiener Kriegselends hat sich seit einigen Tagen ein neues gesellt: ein vom Kriege zum rechteckigen Winkel konstruierter Mensch – Invalide mit Rückgratbruch – bewegt sich auf eine fast unerklärliche Weise durch die Kärntnerstraße und kolportiert Zeitungen. Auf seinem, mit dem Trottoir eine Horizontale bildenden gebrochenen Rücken sitzt – ein Hund. Ein wohldressierter, kluger Hund, der auf seinem eigenen Herrn reitet und aufpaßt, daß diesem keine Zeitung wegkommt. Ein modernes Fabelwesen: eine Kombination von Hund und Mensch, vom Kriege ersonnen und vom Invalidenjammer in die Welt der Kärntnerstraße gesetzt. Ein Zeichen der neuen Zeit, in der Hunde auf Menschen reiten, um diese vor Menschen zu bewachen. Eine Reminiszenz an jene große Zeit, da Menschen wie Hunde dressiert und in einer sympathischen Begriffskombination als »Schweinehunde«, »Sch...hunde« usw. von jenen benannt wurden, die selbst Bluthunde waren und so *nicht* genannt werden durften. Eine Folge des Patriotismus, der die aufrechten Ebenbilder Gottes abhängig machte von vierfüßigen Geschöpfen, die niemals den Seelenaufschwung besaßen, Heldentum und Kanonenfutterage zu bilden und höchstens zur Sanität assentiert werden durften. An der Brust des Invaliden baumelt ein Karl-Truppenkreuz. Am Halse des Hundes hängt eine Marke. Jener mit dem Karl-Truppenkreuz ist ein Leidender. Dieser mit der Marke ein Tätiger. Er bewacht das Leid des Invaliden. Er *bewahrt* ihn vor Schaden. Das Vaterland und die Mitmenschen konnten ihm nur Schaden *zufügen*. Diesen hat er es zu verdanken, daß jener ihn bewacht. Oh, Zeichen der Zeit! Ehemals gab es Schäferhunde, die Schafherden, Kettenhunde, die Häuser bewachten. Heute gibt es Menschenhunde, die Invalide bewachen müssen, Menschenhunde als Folgeerscheinung der Hundemenschen. Wie eine Vision wirkte auf mich dieses Bild: ein Hund sitzt auf einem Menschen. Ein Mensch ist froh, von *diesem* Hunde abhängig sein zu können, da er sich erinnert, wie er von *anderen* abhängig sein mußte. Gibt es Traurigeres als diesen Anblick, der ein Symbol der Menschheit zu sein scheint? Ringsum lustwandelt der Kriegsgewinn mit der Telepathie und in der Mitte ein berittener Hund! Inferiorität der menschlichen Rasse, Superiorität der tierischen. Wir haben es herrlich weit gebracht durch diesen Krieg, in dem die Kavallerie abgeschafft wurde, damit Hunde auf Menschen reiten können! ...

Josephus

Winter

Der Neue Tag, 17. 11. 1919

Seit gestern spielt der Nordwind Fangball mit mitteleuropäischen Schneeflocken. Sie sind weiß, ganz kleine, winzige Kügelchen und haben gar keinen Nährwert. Sie bleiben sekundenlang auf gewendeten Winterröcken und papierenen Raglans liegen und dann sehen sie aus wie Sternchen. Aber sie zerfließen und dringen durch die Poren des dünnfaserigen Stoffes bis auf die Haut. Diese, das einzige noch nicht gewendete Kleidungsstück, das die Menschen tragen, schaudert zusammen vor dem naßkalten Gruß des Winters.

Der Himmel hat ein verdrießliches Gesicht, wie ein Fixbesoldeter. Sein Winterrock aus Wolken scheint auch nicht mehr echt zu sein. Vielleicht gibt es jetzt Wolken aus Papiermaché. Die Sonne hält sich strenge an die Vorschriften punkto: Lichtsparmaßnahmen. Der liebe Gott sitzt im Dunkeln. Man hat ihm wegen Überschreitung den Gasometer abgesperrt. Er kann also die anständigen Menschen nicht mehr von den – Reichen unterscheiden.

Die Kachelöfen in den Zimmern kommen sich vor wie nutzlose Reste aus vergangenen Kulturperioden. Sie stehen in der Ecke, hungernd nach Holz und Kohle. Sie machen sich klein, schrumpfen vor Bescheidenheit zusammen und haben das beschämende Gefühl vergessener Regenschirme etwa. Durch die finsteren Löcher der metallenen Türen grinst kalte Not. Auf den eisigen Herdplatten hockt der Winter und reibt sich vor Vergnügen die Frostbeulen.

Alle Märchen hat das Ereignis verschlungen. Großmutter ist vor Kälte gestorben. Der Prinz kann nicht zu Schneewittchen gelangen, weil er keinen Paß hat. Und Dornröschen will gar nicht erwachen. Sie hat sich auf das rechte Ohr gelegt und beschlossen, noch tausend Jahre zu schlafen. Die sieben Schwaben dienen in der tschechoslowakischen Legion. Und Rübezahl muß seine Rüben in der Gemeinde Prag abliefern. Er hat keine Zeit zu Spektakeln. Das tapfere Schneiderlein tötet nunmehr nur Fliegen, um sie zu verspeisen.

Aber das Schlimmste von allem: alle guten Engel halten Winterschlaf. Sie werden nicht einmal am Weihnachtsfest erwachen. Wie Fledermäuse hängen sie in der goldenen Krone des lieben Gottes.

Und der liebe Gott wärmt seine Füße an dem kleingewordenen Feuerchen der Hölle. Es reicht gerade nur noch zur Not.

Die Bösen können nicht mehr gebraten werden. Die Kohlenteufel der Hölle machen Räteregierung und streiken.

Deshalb leben die Kriegsgewinner noch ...

Josephus

Hausse und Baisse

Der Neue Tag, 7. 12. 1919

In einem Wiener Staatsgymnasium taten sich die Schüler einer Klasse zusammen und bildeten ein Konsortium. Ein Handelskonsortium. Sie spielten auf der Börse, gewannen, verloren. Sie sprachen von Aktien, gingen des Vormittags nicht in die Schule, sondern auf den Schottenring. Fünfzehnjährige Börsianer.

In einem Wiener Bureau machte der Chef eines Tages die Entdeckung, daß seine Tippmamsells vorzügliche Kenntnis und Gewandtheit in fachlichen Börseredewendungen hatten. Er forschte nach und es erwies sich, daß die Tippmamsells Effekten besaßen. Börsen-Effekten.

Zwischen elf und ein Uhr mittags ist das Vestibül der Börse voll von Mittelschülern aller Kategorien und Altersstufen. Sie haben die Beschäftigung mit antiken Versfüßen aufgegeben, Homer wird in Zinsfüßen skandiert. Die ganze höhere Mathematik schrumpft zusammen auf das Kapital von Zinsen- und Prozentrechnung. Die Lehre von der Wärme wird am Sinken und Steigen der Kurse studiert. Es gibt keine Umsetzung der Energie mehr, sondern einen Umsatz der Papiere. Die Notenskala ist um neue Bezeichnungen bereichert. Kein Sehr gut, sondern »lebhaft«, kein Ungenügend, sondern »flau«. Der Papa ist ein Fixbesoldeter, ein Staatsbeamter, gewendet und zergrämt. Der Sohn Börsianer, Kapitalist, Grandspekulant.

So ist die Welt.

Es ist eine große Hausse in Schiebungen und eine Baisse in Moral. Es ist eine Umwertung aller Werte in – Börsenwerte.

Der Börsenaufschwung begann mit dem großen Lesebuchkrach. Als die Morgenstunde Eisenschrappnells im Munde hatte; als Tachinieren am längsten währte; die Armeekommandanten die sanftesten Ruhekissen hatten; dem Tüchtigsten der C-Befund gehörte; und der Anschluß ans Vaterland, ans teure, Annexion und Besetzung hieß: da fing der Blutrausch der Weltgeschichte in ihren motorischen Bestandteilen zu wirken an. Die beschwipste Moral taumelte. Der Weltanschauung drehte sich der Kopf. Da die Religion den lieben Gott genötigt hatte, ein nationales Bekenntnis abzulegen, sanken die Tempel zu der Bedeutungslosigkeit von Parlamenten herab. Da die Altäre des Vaterlandes rauchten, vernachlässigte man die der Götter. Da man Respekt und Gehorsam schuldig war, verlor man die Ehrfurcht. Da die Ehrenbezeigung Pflicht ward, war die Ehrlosigkeit Brauch.

Einstmals, in einer weiten und wilden Welt, gab es Glücksritter mit Schwert und Spieß. Der Krieg war ja Romantik, die Revolution gesund – brachiale, eruptive Traumverwirklichung. Die Brutalität der Guillotine selbst war noch gesund. Aber *dieser* Krieg und *diese* Revolution in seinem Gefolge, sie waren raffinierte Naturerscheinungsimitationen. Die überlegt wilden Gebärden eines armseligen Zirkusmenschen, der in einem Pantherfell steckt. Wie wenn eine ausgestopfte Bestie falsche Zähne fletschen würde. Die Weltgeschichte ward eine politische Börsenspekulation. Setzte sich der waghalsige Jüngling aufs Roß, wenn die Zeiten wild waren und von Waffengetöse erfüllt, so geht er heute – spekulieren. Jeder Krieg hat seine speziellen Abenteurer. Man kann heute nicht mehr mit Schwert und Spieß Schlösser, Frauen, Herzogtümer gewinnen. Man kann Kaufleute im Expreßzug nicht mehr recht ausplündern. Man kann sie nur »hineinlegen«. Durch Geschäfte, Handel, Spekulationen.

Im Grunde ist es dieselbe Abenteurerlust, die Tannhäuser auf den Venusberg, Siegfried zum Nibelungenschatz, Parsival zum Gral brachte. Man bedarf nur heute keiner Rüstung mehr, um diese Ziele zu erreichen. Das Graltum ist eine Schiebung, der Nibelungenschatz liegt auf dem Bakkarattisch, der Venusberg heißt »Nachtfalter«. Alles ist mit Geld bequem zu erringen. Geld gewinnt man leicht und mühelos auf der Börse. Und selbst das Prickeln des Abenteurertums, der Kitzel des Sensatiönchens ist auch dabei. Also spielt man auf der Börse.

Börsenagenturen entstehen an allen Straßenecken. Alle Banken vermitteln Börsengeschäfte. Die ganze Schöpfung ist die verfehlte Börsenspekulation eines Gottes, der pleite gegangen ist.

Allmählich wandelt sich das Aussehen der Welt. Schieben die Wolken nicht? Sind sie »Kulissen«? Gewitter sind Geldkrisen, Blitze erleuchtende Spekulationseinfälle. Und ein Donner, nun, das ist natürlich ein »Krach«.

Die Winde, kommen sie noch aus Aeolus' Höhle? – Sie blasen aus hohlen Kassenschränken.

Regnet es, schneit es noch? – Ich glaube, erbitterte Kaufleute spucken aus.

Die Menschen vermehren sich nicht mehr durch Geschlechtskopulation, sondern durch Aktiengewinstverdoppelung.

Die Meere sind vielleicht riesengroße, quadrierte Aktienpapiere.

Und selbst die Nummern der Meridiane und Parallelkreise sind zu gewinnen und zu verlieren.

Zwischen Hausse und Baisse – Nordpol und Südpol – dreht sich die Erde um ihre eigene Profitaxe.

Josephus

Das Antlitz der Zeit

Der Neue Tag, 1. 1. 1920

In der Kirche des heiligen Johannes, Pfarrkirche des zehnten Bezirkes, hielt Prediger Pater Hamerle an einem der letzten Dezembertage des Jahres 1883 eine sehr schöne Stegreifpredigt. Er sprach von den Gegensätzen zwischen Reich und Arm und meinte, daß der Schweiß, der an der Hand des armen Mannes klebt, besser und gottgefälliger sei, als der Ring am Finger des Reichen. Er zitierte Abraham a Santa Clara und Schiller, die ebenfalls die Armut preisen. Und zum Schlusse wünschte der Pater seinen Pfarrkindern ein glückliches neues Jahr und vergaß nicht, sie zum Gehorsam gegenüber der kirchlichen und staatlichen Ordnung aufzurufen.

Der Taglöhner Eduard Ocholsky und der Schneidergehilfe Wenzel Groulig machten hierauf Krawall. Ihnen gefiel die Predigt nicht. Schiller und Abraham a Santa Clara imponierten ihnen wenig. Sie wollten lieber den Ring vom Finger des Reichen an ihren eigenen Fingern sehen, als den Schweiß. Es entstand ein Lärm in der Kirche. Fromme Pfarrkinder stürzten sich auf die beiden und auf andere Ruhestörer, die mitkrawallisierten, und nahmen sie fest. Die Ketzer wurden der Polizei übergeben. Und – oh Schrecken! – im Besitze eines der Verhafteten wurden sozialrevolutionäre Druckschriften vorgefunden.

Am Dinstag den ersten Jänner des Jahres 1884 (man schrieb noch »Dinstag« ohne »e«) fühlten sich die Leitartikler jener Zeit verpflichtet, dem Publikum mit mehr oder weniger frommen Stegreifpredigten zu kommen. Die Leitartikel begannen in der Regel: »Wir stehen an der Schwelle eines neuen Jahres.« Von dieser Stelle aus wurde über das alte Jahr des Langen und noch mehr des Breiten gesprochen. Über die Schwelle stieg man erst am dritten Jänner. Und schrieb von Hofempfängen, vom beginnenden Fasching, von Offiziersqualifikationslisten, von der Witterung – die damals noch nicht »Wetter« hieß – und von allem jenem, über das man, an der Schwelle des nächst-neuen Jahres stehend, wieder schreiben konnte.

An diesem ersten Jänner aber pochte der Leitartikler nicht an die Pforten des neuen Jahres, sondern blickte auf den Zipfel des alten zurück. Der Leitartikel begann nicht: »Wir stehen an der Schwelle eines neuen Jahres«, sondern: »Mit einem wüsten Kirchentumult innerhalb der Marken der Haupt- und Residenzstadt schloß das alte Jahr.« Und dann: »Man sieht bereits die sozialistische Bewegung in die Kirchen eindringen und die Freiheit der Kanzeln bedrohen. So weit ist es indessen nicht gekommen, wenn man auch schwerlich den Verdacht niederkämpfen wird, daß die Urheber der peinlichen Szenen jenen Elementen angehören, die aus Unklarheit über ihre Ziele sich Sozialisten nennen.«

»Aus der Wolke des Sozialismus ist der Steinregen in die Johanneskirche niedergefallen«, schreibt der Leitartikler poetisch. Und gibt sich redliche Mühe, die Entstehungsursache der Wolke des Sozialismus zu erklären: »Unter den heutigen Verhältnissen wollen die Massen selbst den Trost nicht, der ja immerhin ihr Schicksal erträglicher machen, und der, wenn auch mit demselben (»derselbe« war ein beliebtes Pronomen) sie nicht aussöhnen, so doch gewiß ihnen dienlich sein kann, es leichter zu ertragen.«

Ungeachtet des Steinregens aus der Wolke des Sozialismus ging – nein! verfügte sich – der Kaiser zum Photographen, zum Hof-Photographen Angerer, und ließ sich um 1 Uhr mittags in mehreren Stellungen photographieren. Der Erzherzog Johann war inzwischen in der Franz Josephs-Kaserne, wo er den Kronprinzen erwartete. »Derselbe« verfügte sich ins Divisionsbureau. Gegen 1 Uhr verließ die Wache mit klingendem Spiel den Exerzierplatz. »Daselbst« war Se. Exzellenz, der Minister des Äußeren, Graf Kalnoky, anwesend.

Aus dem Spiegel des Leitartikels lächelt das geschminkte, frisierte, stilisierte Antlitz der Zeit entgegen. Es gab sich vornehm. Ereignisse, die geeignet gewesen wären, Runzeln und Furchen um seine Augenwinkel zu zeichnen, wurden von höfischen Federn weggewischt. Man schrieb sozusagen geistige Rondeschrift. Den eckigen Ereignissen hobelte man die Spitzen ab und polierte sie rund. Man verlieh der Geschichte den persönlichen Adel und machte sie hoffähig. Aber dem Leben, das Überraschungen liebt, gelang es von Zeit zu Zeit, ein ungezogenes, schmutziges Ereignis zu gebären. Bei einem der Verhafteten findet man plötzlich sozialrevolutionäre Druckschriften. Flugs wird das Neugeborene gebadet, gepudert. Sozialrevolutionäre Druckschriften? Ach was! Sie stammen einfach von »jenen Elementen, die aus Unklarheit über ihre Ziele sich Sozialisten nennen«.

An der Spitze des Tages marschierten die Berichte vom Hof. Mit der Morgenröte ging die Hoheit auf. Daselbst. Höchstdaselbst. Nicht »hier«. Nicht »dort«. Die Lokalhistorie trippelte auf zierlichen Ballschuhen mit ellenhohen Stöckeln aus hinweisenden Fürwörtern. Die Zeit ging dementsprechend nicht, lief nicht, sondern verfügte sich. Ein armseliger Tröpfelregen schlug ein schimmerndes Pfauenrad, warf sich mit michelangelesker Geste einen Umlaut um, spannte sich ein »Ung« vor und war eine »Witterung«. Ruhestörer, landesverwiesene Ausländer und andere Abweichungen waren in jener Zeit der Typen – »Individuen«. »Im Laufe des vorigen Monats wurden 42 Ausländer weggewiesen, und zwar: je zwei Individuen nach den Niederlanden und der Schweiz, ein Individuum nach Italien – –« Perücken aus Suffixen umrahmten das Antlitz der Zeit. Ihre Haare kräuselten sich in rosagetünchten Satzfloskeln. Ein goldener Schnörkel umrahmte ihr Lorgnon.

Sie wollte nicht zugeben, die Zeit, daß sie Zeit war. Am liebsten hätte sie sich »Hof-Zeitung« genannt. Sozialisten waren zwar keine Individuen, aber immerhin »Elemente«. Eine Revolte schämte sich ihres Wesens und nannte sich lieber »Exzeß«. Und alles, alles, über Individuen, Elemente, Exzesse, schrieb der Leitartikel weich und zart wie mit einer Flaumfeder, nachdem sich derselbe an die Schwelle des neuen Jahres verfügt hatte.

Wie ist das Antlitz der Gegenwart zerfurcht, durchpflügt, zerrissen? Wo sind Puder und Schminke? Verfügt sie sich noch? Oh, sie eilt auf Sohlenschonern. Ihre Phrasen sind nicht glättend, sondern schneidend. Das Antlitz der Zeit ist zernichtet. Das Leben ist zerlebt.

Häßlich ist sie, die Zeit. Aber wahr. Sie läßt sich nicht malen, sondern photographieren. Ob sie wahr ist, *weil* sie häßlich ist? Oder häßlich, weil wahr?

Die Bar des Volkes

Der Neue Tag, 6. 1. 1920

In einer Seitengasse der Schulerstraße, in der Annoncenexpedition und Zeitungsbureaus wie Schwalbennester an Dachfirsten hart aneinanderkleben, ist die Erste Wiener Suppen- und Teeanstalt. Abseits von der Dampffabrik der Gegenwart birgt sich die Bar der Armen. Kaum hundert Schritte weiter in einer der nächsten Straßen, duliöht ein Varieté. Bogenlampen spielen Sonne. Das Varieté hat seine Auslagen: Holzbretter mit Photographien von Menschenfleisch. Auf einem Bild klimmt ein feiner durchbrochener Seidenstrumpf eine schlanke Beinform hinauf, bis ihn eine ungewisse Wolke aus Spitzen und Unterrock verschluckt. Und auf einem andern atmet eine weiße Frauenbrust Geheimnisse hinter dem zarten Duft eines dunklen, unendlich weichen Tüllkleides. Und gegenüber ist eine Bar. Eine richtige Bar. Ein leicht beschwipster Klavierklang taumelt auf die Straße, die Häuserfassade entlang. Und die Drehtür ist unaufhörlich in Bewegung. Und hinter der Drehtür ist ein goldbetreßter Götze von Portier ersichtlich. Seine weißen Handschuhe atmen den Duft von unzähligen Parfüms. Seine blonden aufgezwirbelten Schnurrbartenden knixen gleichsam fortwährend zusammen vor Sealskin und Blaufuchs. Ein leiser, unendlich leiser Gläserklang schlüpft durch den Türspalt. Und manchmal fällt auf die Straße ein helles klirrendes Fragment von einem Frauenlachen, daß es sich anhört, wie wenn eine kleine, dünne Silbermünze auf das Pflaster rollen würde. Aber ich will ja gar nicht von dieser Bar erzählen, sondern von der anderen in der Seitengasse der Schulerstraße.

Die Tür ist offen. Blechgeschirre klappern. Links vom Eingang ist der Hahn einer Wasserleitung. Er schließt nicht recht. In gleichen Zeiträumen spuckt der Mund der Wasserleitung Tropfen in den Kessel. Klink! Klink! Wenn man eine Weile zuhört, nimmt es sich aus wie eine Musik. Sehr armselig, primitiv, aber doch eine Musik. Man lernt die Tropfen unterscheiden. Oh, sie sind durchaus nicht alle einander gleich. Der eine ist stark, plötzlich, und er fällt nicht, sondern stürzt sich geradezu mit einem Kopfsprung in den Kessel. Und ein anderer ist jung und zart und schüchtern und traut sich nicht recht in die Mitte, sondern plinkt leise auf den Rand. Und alle zusammen bilden dann eine sehr naive, kindliche Musik und es klingt, wie wenn man in kleinen Zeitabschnitten auf die sieben Tasten eines Kinderklavierspielzeugs tippt. Das ist die Tafelmusik der Armen.

Langgestreckt, wie gewaltsam ausgedehnt und schmalbrüstig ist der Raum. Die Decke ist hoch und erscheint noch höher, in unendliche Himmelsferne gerückt durch die schwere Schicht von Dunst, der wie ein Volkshaufen von Wolkenschleiern in der Luft wallt. Es ist wie eine Küchenwolkenmassendemonstration. In einer Dampfwäscherei sieht man nur noch solche Wolkenschwärme. Und irgendwo oben, mitten zwischen Nebelfetzen, von Dunstzipfeln umflattert, schweben drei, vier Glühbirnen, todmatte Glühbirnen, wie Sterne, die am Erlöschen sind. Manchmal bringt ein Luftzug oder die überhitzte Atmosphäre die unsichtbaren Stangen, an denen die Lichtlein hängen, in Bewegung. Und dann sehen die Lampen aus wie irrende Meteore, die einen Weg suchen, um hinunterzufallen. Gehobelte Holztische wie in einem Zeichensaal. Fünfzehn, vielleicht zwanzig Holztische in einer Reihe. An den Holztischen kleben dumpfe Menschenklumpen wie Fliegen, große, wuchtige Feldfliegen auf Fliegenpapier. Und irgendwo, weit vorne, in Dünsten gebadet, schwankt eine Bude aus Holzlatten wie ein Strandwächterhäuschen, das durch eine Überschwemmung ins Meer hinausgespült wurde. Das ist die Kassa, wo man um ein paar Papierfetzen andere Papierfetzen löst. Und dann schwankt man zur Küche, wo ein schwerer, großer Schöpflöffel rastlos pendelt zwischen Kessel und Blechgeschirren.

Irgendwo, an einem Eck, plumpst man hin und stellt seine Schale vorsichtig, vorsichtig, daß nur ja kein Tropfen in die Luft springt, auf die Tischplatte. Und in der Hosentasche, zwischen dem blauen Schnupftuch und dem Türschlüssel, liegt, steif und unnachgiebig, ein Blechlöffel, ein Zinnlöffel, mit Sommersprossen aus Rost. Mit diesem Löffel schlürft man Suppe und Gemüse. Und wenn man den Löffel vergessen hat, dann trinkt man aus der Schale. Der Löffel ist nur ein von der Kultur der Armut angeflogenes Suffix.

Wenn man seine Augen an den dampfgeschwängerten Dämmer gewöhnt hat, kann man sogar die Menschen sehen, die hierher kommen.

Auf kragenlosen, nackten, ausgemergelten Hälsen stecken Köpfe, wie zufällig aufgespießt: nicht gewachsen. Die Ohrmuscheln sind knorpelig und durchsichtig; fast wie aus Pauspapier. Ich weiß nicht, warum arme Menschen immer so dünne Ohrmuscheln haben. Und die Augen stehen entweder so weit vor, als steckten sie an Stielen und wollten fort aus dem Kopf, um irgendwo in einer Suppenschüssel zu ertrinken. Oder sie liegen so tief in den Augenhöhlen vergraben, als schämten sie sich vor der Öffentlichkeit. Augen, die an Platzfurcht kranken.

Kennt ihr solche Augen?

Und die Nasen sind plump wie formlose Klumpen aus Knetgummi. Da hat sich niemand Mühe genommen. Und das Kinn ist bei den Männern viereckig und groß wie eine Schiefertafel und bei den Frauen ausgezehrt-spitz und abschüssig wie eine schiefe Ebene. Und die großen Hände, über deren Rücken dicke blaue Stränge gespannt sind wie Stricke zum Wäschetrocknen. Mit den Fingern, die knorpelig sind und knorrig-gichtisch wie Waldwurzeln.

Kennt ihr solche Hände?

Ein kleines Mädchen sah ich in der Suppen- und Teeanstalt. Ihre Haare waren in unsagbar dünne Mäuseschwänzchen gedreht und um den Kopf gelegt. Es war ein wasserhelles Haar, von jener Färbung, die auch nur Haare der Armen haben können. Nur die Augen waren von einem tiefvioletten Blau, einem reichen, satten Blau. Das Mädchen aß aus einem Topf. Dann ging es fort und trippelte durch jene Straße, in der sich die Bar befindet. Sie sah nicht einmal hinein. Sie lauschte nur eine Weile dem leichtbeschwipsten Klavierklang, der die Häuserfassade entlang taumelte. Und als dann durch eine Fensterritze das Fragment eines Frauenlachens fiel, hörte das Mädchen den Silberklang und bückte sich wie nach einer Münze.

Dieses kleine Mädchen kann sicherlich auch so schön lachen. So hell, daß es klingt, wie wenn eine dünne Silbermünze auf Steinfliesen kollert. Warum lacht es nicht?

Josephus

Teisinger

Der Neue Tag, 21. 1. 1920

Der Untersuchungsausschuß beschäftigte sich mit den »militärischen Pflichtverletzungen« des Feldmarschalleutnants Teisinger, der rund 200 000 Menschen »auf seine Verantwortung« gegen das Ergebnis der ärztlichen Untersuchung für frontdiensttauglich erklärt hatte. Der Feldmarschalleutnant gab ohne weiteres zu, zweimalhunderttausend Menschen »widerrechtlich« in den Tod geschickt zu haben. Er wies nach, daß er »nach höheren Weisungen« gehandelt habe, nur der Hammer in der Hand des Kriegsmolochs gewesen sei. Der Untersuchungsausschuß fand, daß kein Grund vorhanden sei, Teisinger vor ein Militärgericht zu laden.

Wir müssen uns erst mühsam die Mentalität jener Zeit rekonstruieren, um langsam zu verstehen, was Teisinger eigentlich vorgeworfen wurde. Er hat »widerrechtlich« Menschen in den Tod geschickt. Denn es war eine Zeit, in der man – man denke! – Menschen mit Recht in den Tod schicken durfte. Es war eine Zeit, in der man den grotesken Widersinn für selbstverständlich ansah, daß die Gesundheit zum Sterben prädestinierte, die Krankheit des Sterbens enthob. Teisinger aber war das lebendige, zweibeinige Paradoxon jener Zeit: er bestimmte die Kranken zum Tode. Die Verrücktheit des Krieges hatte sich so gesteigert, daß die Ausgeburt ihres hitzigsten Deliriums in das Gegenteil: den gesunden Menschenverstand übergriff. Teisinger, der schrecklichste der Schrecken, die personifizierte Kriegsfurie in Feldmarschallleutnantsuniform, wollte etwas ganz Vernünftiges: daß die Kranken sterben.

Deswegen wurde er angeklagt. Begreift man die Unlogik dieser Anklage?

Ein Mann wird angeklagt, weil er die Kranken in den Tod schickte. Wäre er damals angeklagt worden, als er sie noch schickte, so wäre die Anklage aus der Moral jener Zeit heraus verständlich gewesen. Denn die Moral jener Zeit war: *Gesunde* sterben lassen. Heute, da es als das größte Verbrechen gilt, zu töten, fällt die Anklage gegen Teisinger in sich zusammen. Denn man klagt ihn nicht an, weil er tötete, sondern weil er Kranke tötete. Erhält man die Anklage aufrecht, so stellt man sich eo ipso auf den Moralstandpunkt jener Zeit, d. h.: Gesunde darf man töten.

Diesen Standpunkt nimmt die heutige Öffentlichkeit nicht mehr ein. Sie klagt nur jene an, die schlechthin getötet haben. Der letzte auf der Anklagebank müßte Teisinger sein. Nicht der erste. Denn ist Kranke töten eine Gemeinheit, so ist es wenigstens eine vernünftigere Gemeinheit als Gesunde töten. So lange aber der Urquell jener Niedertracht: des allgemeinen Menschenschlachtens nicht einmal entdeckt ist, hat man kein Recht, Teisinger, der Abflußkloake, den Garaus zu machen.

Aber nicht das juristisch Greifbare ist es, das Kranketöten, weswegen Teisinger vor den Untersuchungsausschuß kam. Die Psychologie der Lynchjustiz lud ihn vor den Richterstuhl. Das revolutionierende Volk stürzt zuerst den König und dann den Minister, dessen Opfer der König selbst ist. Der blutbefleckteste in der Masse der Kriegsschergen war Teisinger. Er leuchtete rot, am rötesten hervor und deshalb griff man nach ihm vor allen. Er war der Henker. Den Staatsanwalt suchen wir vergebens.

Teisinger, der Begriff, nicht Teisinger, das Lebewesen. Man sagte: »Teisinger«, wie »Tod und Teufel«. Er lebte nicht. Er musterte. Er gehörte zum Inventar der Kommission, wie das Metermaß. Er war ein Organ des Staates, des »Vaterlandes«, wie die Polizei, die Häscher, die den Deserteur aufspürten. Er war eine Waffe, wie ein Geschütz, die »dicke Berta«, die schon im Hinterland funktionierte. Er war eine militärische Institution, wie das A. O. K. und das Militärkommando. Er war nicht *der*, sondern *das* k. u. k. Teisinger. Teisinger in Anführungszeichen.

Man könnte ihn logischer anklagen des Umstandes, daß er sich zum Henker hergab. Aber Teisinger mit der Erziehung und Psychologie des aktiven Offiziers ist so nicht zu fassen. Teisinger mit der moral insanity des zum Pflichtmord und Ehrentod erzogenen privilegierten Häftlings in dem großen Kerker des Militarismus ist nicht klagbar, nur zu bedauern.

Zu denken, daß dieses fürchterliche »Teisinger« ein Mensch ist, der Teisinger mit einem Vornamen. Ein Mensch, der verzweifeln muß an einer Welt, in der man ihn seiner Verdienste wegen anklagt. Der seinen Freispruch nicht einmal versteht, sondern so deutet, daß er eben seiner Verdienste wegen nicht schuldig gesprochen werden kann. Zu erziehen, zu ändern ist nichts mehr an diesen Teisingers. Nur zu beklagen sind sie. Und wir, die wir ihn selbst – hervorgebracht haben.

Denn merken müssen wir uns dieses k. u. k. Teisinger. Sprechen wir *ihn* frei, aber verurteilen wir *uns*, stets an ihn zu denken. Auf daß er sich nicht wiederhole! Es könnte nämlich sein, daß... und es könnte sehr leicht sein, daß er sich wiederholt. Wir haben ihn zwar freigesprochen. Aber so weit sind wir nicht, daß wir ihn schon *überwunden* hätten!

Die reaktionären Akademiker

Der Neue Tag, 1. 2. 1920

Revolutionsfeindlich, monarchistisch, »völkisch«, säbelsehnsüchtig, purpurverlangend, so ist die deutsche Jugend von heute.

Mit der Plötzlichkeit einer Offenbarung ward uns die Erkenntnis: daß nicht alles jung, was neu ist und daß Jugend nur dem Alter, nicht der Veraltetheit antithetisch ist. Am Ende war es seit eh und je die *Fahne*, die die Jugend mitriß und nicht die Idee, deren Ausdruck die Fahne ist. Der Schlachtruf und nicht die Güter, um die Krieg geführt wurde. Der Trompetenstoß, der Fanfarenruf. Nie die innere Gewalt einer Idee, sondern der Faltenwurf ihrer Pellerine. Und am Ende hat die naturgemäß theatralisch wirksame Geste einer gewaltigen Idee die Jungen zu Wortführern der Idee gemacht. Die Jugend war nur bestochen und nicht überzeugt. Hypnotisiert und nicht ergriffen. Ja, nicht einmal berauscht war sie? Nur betrunken?

Denn nun, da die Lavaglut der Revolution sich nicht in einem farbenprächtigen Feuerwerk äußert, sondern die Gefahr besteht, daß sie in der Gestalt eines nüchtern grauen Ascheregens die Welt einhüllt, spannt die deutsche Jugend die Regenschirme ihrer ordentlichen Professoren auf. Diese Revolution hat zu wenig romantischen Kitsch. Nüchtern war ja allerdings auch der Krieg. Aber die körpergewordene Phrase des zwanzigsten Jahrhunderts: Wilhelm II., wölbte sich, wie ein schwarz-rot-goldener Regenbogen über der Langeweile der Schützengräben. Poetisch war ja der Erstickungstod in Gasgestank gerade nicht. Aber auch durch Gasgestank führte der Weg in die Walhalla. Die moderne Revolution dagegen ist Götterdämmerung ohne Farbenspiel. Sieg ohne Siegesmarsch und Fahnenweihe. Feier ohne Truppenschau.

Und noch weniger: Die Truppenschau der Revolution, wenn sie überhaupt stattfindet, ist lächerlich einfach. Man steht selbst unter den zu Visitierenden. Man salutiert selbst, ohne salutiert zu werden. Stand man früher als Einjähriger auch mit in der Reihe, so doch mit dem erhebenden Gefühl, nicht ewig so stehen zu müssen. In ein, zwei Jahren würde man selbst Fronten abschreiten und mit gestellter Heiserkeit Kommandorufe brüllen. Was jetzt Fronten abschreitet – auch rein bildlich verstanden – ist Plebejertum, staubgeborenes, purpurvermissenlassendes Proletariat. Ist womöglich noch Judentum. Es mangelt an knisternder Banalität, gottesgnadenträufelnder Rührseligkeit, tuschrauschender Hohlheit. Diese Revolution geht einher in Zivil und hat nicht einmal die nationale Überzeugung im Knopfloch. Ich bitte Sie ...

Aber kann es wirklich sein?

So hätte sich die Jugend geändert? Waren die Bannerträger des Fortschrittes stets nur Getriebene und nicht Treibende? Ist es nicht die urewige, bewegende, die *Vorwärtskraft*, die in jeder neuen Jugend wieder geboren wird? Hebt nicht jede neue Generation die Welt aus den verrosteten Angeln? Pulst nicht das rote Blut jeder neuen Menschenwelle durch die Errungenschaften der Zeit? Ist die Opferfreudigkeit, mit der Generationen von Jünglingen den Flammentod auf den Altären der Kultur starben, nicht *bewußte* Aktivität? Hypnotisierte können auch handeln, gewiß. Sie können sich vielleicht auch von fremdem Willen gebannt, opfern. Aber können sie *schaffen, Schöpfer* sein, wie die Jugendgenerationen der Erde?

Und selbst, wenn die Jugend nur von der Geste bezaubert, die Heldentaten vollbracht hatte – hat diese Revolution etwa keine? Ist das Geheimnisvolle, das Schlupfwinkeltum revolutionärer Bewegung nicht jugendreizende Romantik genug? Bürgt die revolutionäre Gesinnung nicht genügend für das Vorhandensein von Gefahren? Ist es nicht gerade dieses Gefahrvolle, übereuropäisierte Nerven Anspannende, was jeder revolutionären Bewegung den oft schädlichen Zuwachs an weiblicher Intellektualität und intellektueller Weiblichkeit beschert?

Warum also ist die deutsche akademische Jugend antirevolutionär?

Von mehreren wichtigen Ursachen ist die wichtigste die, daß die Stellung zur Revolution eine – *Brotfrage* ist.

Der junge Mann aus bürgerlicher Familie, der die Reifeprüfung bestanden hatte, konnte sicher sein, daß er in irgendeinem gutgeheizten Bureau unterkommen würde. Er hatte sich acht Jahre mit Logarithmensuchen und Verba-auf-mi-Flektieren geplagt und weitere vier Jahre Testate und Mensurenschnitte gesammelt oder fleißig »Schnellsiederkurse« besucht – nun hatte er ein Recht auf Brot. Auf einmal wird ihm dieses Recht strittig gemacht. Nun können Männer ohne eine Spur von einem Schmiß, Männer, die nicht einmal *ein* Ungenügend für falsches Skandieren von Hexametern aufzuweisen haben – Staatssekretäre werden. Die Konkurrenz wächst ins Ungeheure. Man hat sich »zwölf Jahre umsonst geplagt«. Nicht nur, daß der manuelle Arbeiter ein größeres Einkommen hat, nein, es ist ihm außerdem noch möglich, jene Art Karriere zu machen, die vor der Revolution nur dem Akademiker frei war. So entstand die unglückselige Antithese: Waschfrau und geistiger Arbeiter. Daß die Waschfrau ihm nicht mehr »Küß die Hand« sagen *muß* – wenn sie es auch immer noch tut – »geniert« den »Doktor« mehr als daß ihr Verdienst ein größerer ist.

Denn auch früher kam es vor, daß der akademische »Mittelständler« – wie häßlich und unnatürlich Begriff und Wortkümmerlicher lebte als ein Taglöhner. Aber die betrügerische Gesellschaft gab ihm dafür das Phantom der »akademischen Ehre«. Er hatte nichts zu essen, aber er durfte »sich schlagen«. Theoretisch konnte er die höchsten Stellen im Staate einnehmen. Er war prädestiniert zum »Höheren Staatsbeamten«. Er konnte Minister und Feldmarschalleutnant werden. Der andere, nicht Graduierte, konnte es nicht. Und die ganze Erbärmlichkeit der menschlichen Durchschnittsnatur offenbarte sich darin, daß die nebulose, theoretische Möglichkeit *mehr* zu werden, als der Nachbar Taglöhner, den »Doktor« vergessen ließ, wie schlecht es ihm gehe.

Im Krieg wurde mit einem Schlag die graue Theorie zur blühenden Wirklichkeit. Man war Offizier mit Zigarren- und Zigarettenzubußen, mit Gagen, Rekruten, Säbel und »Ehre«. Tief versteckt gewesene und von akademischer Kalkfarbe übertünchte Bestialität und Niedrigkeiten in dem und jenem durfte sich ungestraft austoben. Man war »Herr« mit Kommandogewalt über Leben und Tod, mit einem oder mehreren »Burschen«. Mit Schicksalssternen auf dem Blusenkragen. Und der lächerliche Trost, daß man eventuell nicht in einem Massen-, sondern in einem Einzel- und »Heldengrab« bestattet werden könnte, machte selbst den gräßlichen Tod um eine kleine Nuance angenehmer. Schließlich dauerte der Krieg zu lange, die Ehrenhaftigkeit schwankte bedenklich, man begann sich zu drücken, aber, aber die Überzeugung von der »göttlichen Sendung des Deutschen« war zu fest verankert. Chamberlain schrieb, Wilhelm der Zweite redete, die Presse leitorakelte und der Weihrauch des »Vorgesetztentums« benebelte den Schädel. Man aß immer noch besser, als der Mann, man durfte sich austoben, prügeln, schimpfen, kommandieren, raufen, trinken nach Herzenslust. Und als man schließlich merkte, daß etwas faul war im Staate, gab man die Schuld den Pazifisten, der »roten Internationale«, den Juden, mit denen man abrechnen wollte, sobald man zurückgekehrt wäre.

Man kehrte zurück und siehe da: Pazifisten, Internationalisten, Sozialisten, Freidenker, Zweifler, Demokraten, kurz: »Juden« waren »am Ruder«. Nun war man arm, hatte nichts zu essen. Aber die »Ehre« war auch nicht mehr da? Auf die »Satisfaktionsfähigkeit« wird nichts mehr gegeben? Nun, soll man da nicht antirevolutionär sein?! Also nach der Brotfrage die »Ehrenfrage«.

Die Revolutionsfeier war die erste Volksfeier in Deutschland und bei uns, bei der das Alkoholtrinken verboten ward. Die Revolution machte keine Bierbankpolitik. Diese Revolution war international. Gewiß auch ein Grund, weshalb die akademische Jugend ihre Feindschaft ansagte. Aber außerdem war diese Revolution noch antialkoholisch. Also höchst un-»deutsch«.

Eine gewagte Behauptung, vielleicht ein »Witz«. – Ich kann mich nicht seiner wehren: er zwingt mich zur Veröffentlichung: Der *Antialkoholismus* dieser Revolution hat ihr bei den »Studierten« geschadet... Volksfremd und weltfremd, eingeschachtelt in die Schubladen: Gelehrte, Mensuren, Korpsgeist, Patriotismus lebt in deutschen »Landen« eine ägyptische Priesterkaste: die Akademiker. Seltsame Bräuche und uralte Gesänge. Hölzerne Sprache und steifleinene Weltanschauung. So sitzen sie im Tempel nationaler Kultur und kein Blick dringt ins Allerheiligste. Und sie, die Priester, haben keinen Blick für die Welt.

Sie kennen eine »Nation«, sie bekennen sich zur »Nation«, aber sie haben keine Ahnung vom Volk.

Wie sollten sie da nicht Gegner der Revolution sein? Unsere Akademiker sind Priester, unsere Hochschulen, Klöster, unsere Wissenschaft – Kirche, der Rektor ein Erzbischof. Klerikalismus der Wissenschaft. Arterienverkalkung des Geistes.

Jeder Klerikalismus ist reaktionär.

Berlin

Humanität

Berliner Börsen-Courier, 7. 8. 1921

Ich lange nach diesem Begriff, wie nach einem Ding, das in der Rumpelkammer pensionierter Gegenstände hängt. Sie war noch vor hundert Jahren lebendig, die Humanität, und treibend sogar in der europäischen Kultur; und selbst wo man sie vortäuschte, bewies man (gerade dadurch) Respekt vor ihr. Der privilegierte Mörder mordete in ihrem Namen, weil ihm sein Geschäft sonst gestört worden wäre. Sie war ein »Faktor« im öffentlichen Leben, »mit dem man rechnen mußte«, wie heute nur noch Valuta und Psychoanalyse. Sie war mehr als ein Kulturelement, nämlich: modern.

Sie ist heute ein »technischer« Ausdruck zur Kennzeichnung einer historischen Epoche. Die jämmerlich ausgeblasene Hülse eines Begriffs. Die Aufschrift auf einer wissenschaftlichen Küchenschublade. Und gelegentlich das Abzeichen einer lächerlichen Brüdersekte, deren Satzungen ein Rückwärtsleben gebieten. Die Ehrfurcht, die ihr die Welt heute entgegenbringt, gleicht jener, die uns – nicht erfüllt, sondern nur anweht bei der Erinnerung an ein autoritäres Requisit, wie Kaiser Barbarossas Bart zum Beispiel. Die Humanität ist selten, aber billig; denn der Wert europäischer Kulturtugenden (und -untugenden) sinkt und steigt mit ihrer alltäglichen Begehrtheit. Der Wert der Humanität ist lediglich der einer Tugend-Antiquität.

Nichts von dem, was seit dreißig Jahren für die Menschheit geschehen ist, geschah für die Menschlichkeit. Krieg *und* Revolution hatte der Magen verursacht. Vertreter der Menschlichkeit ist der lausüßliche Saccharin-Pazifismus, das Programm eines passiven Tierschutzvereins, dessen Mitglieder aus Mitleid für die Infanterie das Trommelfeuer nicht goutieren. Wenn dieser Pazifismus einen Protest veranstaltet, wird's eine Prozession. Die Bewegung appelliert an – die Humanität, die bereits in der Rost- und Rüstkammer Mitteleuropas hängt. Dieser Pazifismus glaubt – er hat noch nie gezweifelt. Er ist sehr oft verzweifelt. Weil er die Bestie im Menschen nicht bekämpft, sondern einzuschläfern versucht, wundert er sich über die Wirkungslosigkeit seiner Wiegenlieder. Er gibt an, gegen den Krieg zu sein, und ist gegen den Kampf: Er bekämpft den Krieg also nicht, sondern »wendet sich gegen ihn«.

Die Humanität der Vergangenheit aber *kämpfte*. Ihre Mittel waren Aktion, Tätigkeit. Ihre Wirkung die Tat. Ihr Erfolg Segen. Ihr Protest Hilfe.

In den letzten Tagen hörte ich das Wort: Humanität, von einem Naiven gesprochen, einem Osteuropäer, einem russischen Dichter: Maxim Gorki.

Er schrie es so laut und es klang so erschütternd merkwürdig; wie wenn er nach dem Verbleib des Barbarossaschen Leibfriseurs gerufen hätte.

Es antwortete ihm Gerhart Hauptmann. Und es sah einen Moment lang so aus, als tröffen wir alle von Mitleid und Liebe.

Maxim Gorki unternimmt eine Reise nach Europa. Er wird wahrscheinlich Vorträge halten für die hungernden Menschen in Rußland.

Und alle, die Rabindranath Tagore gehört haben, werden Gorki hören. Und werden hoffentlich Geld geben, ohne zu begreifen: weshalb Maxim Gorki, dem die herrschenden Bolschewisten nicht freund sind, sich für Rußland »ins Zeug legt«. Wir sind's gewohnt, daß Verfolgte ins Ausland flüchten. Daß Verfolgte ins Ausland gehen, um für ihre Heimat Gutes zu tun, ist seltsam. Denn es ist Humanität.

Maxim Gorki lebte mit einer Frau in Amerika, die er nicht nach den gültigen Gesetzen geheiratet hatte. Kein Hotel nahm ihn auf. Er fand keine Wohnung. Die angloamerikanische Moral verurteilt solche Leute.

Dieser New Yorker Mob, Repräsentant des grobkarierten Fortschritts, der Grammophonkultur und des Wolkenkratzens jagte

Gorki auf die Straßen. Weil die amerikanische Welt keine Abweichung duldet von der gesellschaftlichen Uniformität.

Wenn diese Hoteliers und Wolkenkratzer heute an der Hungerpest stürben, der Humane würde für sie betteln gehen.

Dieses typische Beispiel einer Humanität: ein großer Mensch, der kalt gegen eigenes Schicksal, sachlich bleibt auch im Schmerz, den ihm seine Wunden verursachen; vom Verfolger zum gehetzten Tier gemacht, im hetzenden Tier dennoch den Menschen liebt; der nicht nur »seelischen Schmerz« leidet um Fremde, sondern körperlichen, wirklichen um sich und andere – – dieses Beispiel für Humanität ist in Westeuropa nicht zu finden.

Der amerikanische Polterich schämt sich seiner Eigenart wenigstens nicht. Der europäische poltert mit Sentimentalität. Die Gemeinheit, der die Humanität zum Opfer in Europa fiel, nennen wir »Ordnung«.

Auch vor hundert Jahren logen die Vertreter der Gemeinheit, daß sie Ordnung verträten. Aber die gemein Behandelten logen nicht mit.

Scharf war die Trennung zwischen Bestie und Mensch. Diesen schützte Humanität vor jenem.

Vor hundert Jahren haßte der Mensch die Zensur. Heute sieht ein mitteleuropäischer Poet aus wie ein Wachtmeister in Zivil.

Tausend große und kleine Gemeinheiten begegnen dir täglich, wenn du glaubst, Ordnung zu sehen. Kein Künstler, kein Weiser, kein Prophet erhebt sich gegen sie.

Wenn heute wer einen Verein zum Schutze der Menschheit gegen die Behörden Europas gründen wollte, – wer wollte Mitglied sein?

Wer entrüstet sich über das anschleimende Betasten eines Grenzrevisors? Über den Zwang zum Fingerabdruck jedes Reisenden?

Ich weiß, daß Maxim Gorki in den mitteleuropäischen Städten bei der Polizei den Vornamen seines Vaters wird angeben müssen. Er ist an schlimmere Dinge gewöhnt. Aber in Rußland fühlte er bei

jedem polizeilichen Knutenhieb den Schmerzensschrei der Kameraden.

Wenn er in einem mitteleuropäischen Polizeibüro hinter der Bar-
riere, die den größenwahnsinnigen Schreibfederbüttel nicht sorgfäl-
tig genug vor einer wehrlosen Menschheit abzäunt, »Warten Sie!«
wird hören müssen, wird er vergeblich lauschen auf eine geringe
Entrüstungsgeste aus dem Kulturgetue draußen.

Der Mangel an geistigem Lebensgehalt bedingt den Mangel an
Humanität. Schmerz des Nächsten war auch vor hundert Jahren
nicht eigener Schmerz, wohl aber Schmerz der Allgemeinheit. (Nun
ward fremde Freude zum eigenen Schmerz.)

Schmerz des Nächsten fühlen ist immer eine geistige Angelegenheit; die nicht vorwärts bringt. Der Gegenwartsmensch, der nur
vorwärts geht, versucht, aus dem Schmerz des Nächsten zu *lernen*.
Und das ist immer eine praktische Angelegenheit.

Nächster sein heißt nämlich: Gegner sein. Leid des Gegners ist
mein Vorteil. Aus dem sozusagen passiven Vorteil aktive sich ent-
wickeln lassen, – der Gegensatz der Humanität: Viktorität. (Die
Lebenshaltung des Siegers, der nur ein »Gewinner« ist.)

Fremde Not lehrt Europa nur, daß der Bolschewismus Not bringt.
Und jeder Wehschrei aus dem Osten heißt ins Westeuropäische
übersetzt: Hütet Euch!

Denn wir sind Gewinner. Unsern Arm spannt die Spiralfeder.
Unser Ziel ist die Beute. Neben uns keiner. Gegen uns alle. Unter
uns nicht Erde, sondern »Terrain«. Über uns nur noch Wolken, die
wegzukratzen das Ziel unserer nächsten Jahrzehnte heißt.

Der Prinz

Vorwärts, 8. 7. 1922

Der Prinz lebt in stiller Abgeschlossenheit, der Arme.

Uralte Kastanienbäume umrauschen seine Villa. Auf acht geräumige Zimmer ist seine Abgeschiedenheit beschränkt. Nur *ein* Reitpferd steht ihm zur Verfügung. Und ein einziges Auto. Das Auto ist grau lackiert und weich gepolstert. Auf schwellenden Pneumatiks federt es durch das Land, das den Prinzen entbehrt. Gänse fegen kreischend über den Weg. Hunde bellen, respektlos und ohne Sinn für Vergangenheit. Auf hohen Baugerüsten arbeiten Maurer und Poliere, beneidenswerte Menschen. Im Schweiße ihrer Angesichter hacken Männer Kieselsteine für Schotterungen, so sehr mit den elenden Steinen beschäftigt, daß sie nicht einmal grüßen. Armer Prinz!

Im Sommer steht der Prinz um acht Uhr auf, im Winter schon um neun. Im Sommer frühstückt er in der Veranda und des Winters im Bett. Goldgelbe Butter streicht er mit behutsamen höchsteigenen Händen auf blühweiße Brötchen. Der schweigsame Lakai, ein personifiziertes Stück Stille, sozusagen eine befrackte Abgeschiedenheit, gießt Kaffee aus silbernen Kännchen in Rosenthaler Tassen. Der genügsame Prinz greift die Tassen nur mit vier Fingern und spreizt den fünften, kleinen ganz weit und vornehm weg.

Vielgezackte Geweihe starren von den Wänden des Jagdzimmers. Von allen für den Prinzen gefallenen Lebewesen befinden sich in seiner Wohnung nur die Häupter der Hirsche und Rehe. In ihre künstlichen Glasaugen legte der verständige Optiker einen frommen Ausdruck von Untertanendemut. Die Tiere erinnern in ihrem seelenvollen Blick an ausgemusterte und von einer Hoheit angesprochene Kadetten.

Nach dem Frühstück reitet der Prinz. Er reitet immer denselben Weg und immer zum Zwecke der Verdauung und der Appetitanregung. Zwanzig Meter in der Runde setzt bei des Prinzen bekanntem Trabgeräusch den Förstern und Oberförstern der Herzschlag aus. Ein gütiges Geschick treibt manchmal einen von ihnen vor die Pferdehufe. Dann schlagen sie die redlichen Jägeraugen auf und grüßen. Es geht nichts über Waidmannstreue.

Zu Mittag ißt der Prinz im Speisesaal ein bescheidenes Menü, nur aus vier Gängen. Was ihm nicht schmeckt, muß er stehen lassen, der Arme. Dem Prinzen schmeckt manchmal etwas nicht.

Am Nachmittag schläft er auf einem ganz gewöhnlichen Plüschsofa.

Dann kommt, zweimal in der Woche, ein General aus Berlin mit Vasallensporen hereingeklirrt. Auf dem Schädel des Generals stehen alle kurzgeschorenen Haare aufrecht vor dem Prinzen. Jedes einzelne Haar nimmt Stellung.

Der Prinz und der General plaudern von Vergangenheit und Zukunft. Der Prinz leutselig, der General respektvoll. Er kommandiert Sätze zur Parade, er präsentiert Meinungen.

Der Prinz hat loyale Briefe zu beantworten und Bittschreiben. Diese Sendungen kommen immer aus »Gauen«. Noch nie hat jemand aus einer gewöhnlichen Stadt dem Prinzen geschrieben.

Manchmal liest der Prinz die neueste Scherl-Woche und einen Roman von Rudolf Stratz, auf daß er nicht hinter der Gegenwart zurückbleibe. An den fortschreitenden Daten des täglichen Lokalanzeigers merkt der Prinz, wie die Zeit vorwärts geht.

Die Frauen im Lande lieben den Prinzen, keusch und ferne. Ihr Blick verweilt auf seinem Porträt in der Illustrierten Zeitung länger als auf den Schnitten der Modebeilage. Sie finden ihn sogar interessanter als die Plauderei über die letzte Pariser Schuhform (obwohl diese spitz zulaufend und ohne jeden Besatz ist).

An Tagen, wie es zum Beispiel der Johannitertag ist, teilt der Prinz Ritterschläge aus, ganz umsonst, ohne andere entgegenzunehmen.

Er hat ein großes und gutes Herz, der arme Prinz.

Sonntagsreiter

Vorwärts, 2. 8. 1922

Die Reiter reiten, trab, trab, den Kurfürstendamm entlang.

Sie kommen am Sonntagmorgen aus dem Tattersall, wo sie herdenweise gezüchtet werden, und reiten in der Mitte des Kurfürstendamms auf knirschendem Kies, erhobenen Hauptes, ragend bis an das Verdeck der Autobusse und die gestutzten Kronen ausgerichteter Bäume.

Die Hausärzte lehren, das Reiten sei gesund, und nach den wochentäglichen Turnübungen auf der Dollarkursschaukel eine wohltätige gymnastische Abwechslung. Körperliches Fett, das sich unheimlich verzinste, nimmt ab wie der Markwert. Der Mensch reitet sich sozusagen alle Zuckerprozente herunter.

Unübertrefflichen Glanzes, spiegeln die lackierten Stiefel staunende Angesichter der Fußgänger wider und die ganze, bis zur Kniehöhe reichende Umgebung. Kühl und hart schmiegt sich Lack an die Weichen des Rosses, – symbolisches Gleichnis liebevoller Unterdrückung.

Der Reiter, erhaben über die Umwelt, von vier fremden Füßen getragen, plaudert mit dem Herrn zur Rechten. Unmöglich, ein Wort zu verstehen. Die Leute spazieren geradeaus in die Luft höherer Regionen. Wovon mögen sie wohl reden? Von Rollmöpsen, freibleibenden, lagernd im Danziger Hafen? Von Zoll und Fracht und Dividenden und mattem Verlauf der New Yorker Börse? Von Gesetzen zum Schutz der Republik, der Hoffnungen berittener Untertanen zerstört? Von der großen Zeit der Lieferanten, die Heu lieferten und Pferde, Kanonen und Menschenzubehör? Vom Konkurs in Amsterdam, vom Kaiser in Doorn? Von ihren eigenen Erinnerungen an den Kronprinzen, oder von denen Rosners?

Es muß ganz wunderbar sein, aus der Höhe ritterlicher Sicherheit ungehört sprechen zu können und im Rhythmus sanfter Rossehufe Fett und Ärger vom Herzen zu schütten. Die Pferde bemühen sich leise aufzutreten, als hätten sie sich Gummiabsätze an die Hufe genagelt. Sie bleiben im Schritt und achten gegenseitig streng darauf. Wenn eines aus dem Schritt fällt, ist es unsterblich blamiert.

Sie nicken alle mit den Köpfen, es ist, als wollten sie unaufhörlich »ja« sagen. Ich glaube, sie sind glücklich, von Herrschaften geritten zu werden und Scheuklappen zu tragen. Auf keinem Proleten der Welt läßt sich so trefflich reiten.

Die Herrschaften reiten, gemächlichen Trabes, in den Tiergarten. Frische Morgenkühle, die den Schläfer auf der Bank weckte, umfächelt ihre Häupter. Frech und ahnungslos läßt ein Spatz auf die muskelgepolsterte Herrenschulter wohlverdaute Regenwürmer fallen. Die Hand, im hohen Lederhandschuh steckend, strafft die Zügel. Gekrümmte Schenkel nähern die blanken Sporen bedenklich dem braunen Pferdeleib. Trab wandelt sich in Galopp.

Da, hart am Rande der Allee, steht ein Zeitungshändler. Die Herrschaften reiten im Schritt. Eine Hand aus gelbem Wildleder streckt sich dem Morgenblatt entgegen, entfaltet es, und der Blick sucht zwischen Spalten in Petit die Obligationen der Bagdadbahn. Aus wochentäglicher Niederung ist das Geschäft emporgehoben in ritterliche Höhe.

Zwischen dunklem Grün, von ferne her, grüßt der weiße Marmorsommerhut der Kaiserin Auguste Viktoria.

Der gut angezogene Herr

Vorwärts, 20. 9. 1922

Der gut angezogene Herr kommt bereits in den Zonen der gemäßigten Bourgeoisie vor. In zahlreichen Exemplaren und verschiedenen Schattierungen ist er in den Straßen Berlins zu sehen und in den Modejournalen, in denen geistige Arbeiter sozusagen aus der Not der deutschen Presse die Tugenden des gut angezogenen Herrn herauszuschlagen bemüht sind.

Der gut angezogene Herr unseres Jahrhunderts schont seine Schultern gegen den Druck einer eventuellen Verantwortung durch die sorgliche Schicht an entsprechender Stelle eingenähter Watteline. Dadurch erweckt sein Oberkörper den Eindruck einer knock-out-trotzenden Männlichkeit. Der kurze Halskragen, den fürchterlich auf- und abrollenden Adamsapfel freilassend, weist mit zwei scharfen Spitzen in das Innere der Weste. Der »Selbstbinder« hat häufig die auffallende Färbung eines künstlich mit Lineal und Zirkel gezeichneten Feuersalamanders.

Auf dem Kopf trägt der gut angezogene Herr einen breitrandigen Filzhut, dessen Mitte von einer im inneren Hohlraum sitzenden Schnalle zusammengehalten wird. Ein seidenes Taschentuch lugt mit violetter Leiste aus der linken oberen Rocktasche.

Abwärts verjüngt sich der gut angezogene Herr. Seine Hose, um die Oberschenkel noch schlotternd, wird schmal in der Nähe des violett bekleideten und über dem Halbschuh sich erhebenden Fußknöchels. Die Kürze der Hose mildert den gewalttätigen Eindruck des oberen Menschen und reduziert gerechterweise die Persönlichkeit zum Jüngling, der den Kinderhosen kaum entwachsen ist.

Die Halbstiefel sind gelb und braun und haben flache Absätze, die den gut angezogenen Herrn zwingen, sein Schwergewicht der Ferse anzuvertrauen. Das übt er mit Eleganz und Ausdauer in vielen abendlichen Foxtrottstunden. Denn das Natürliche verschmähte er gewiß, würde es ihm nicht auf dem Umweg über die Mode beigebracht.

So schiebt sich der gut angezogene Herr über die Straße mit rudernden Armen, die die Ähnlichkeit seiner spitzen Schnabelschuhe mit

Kähnen bedeutend verstärken. Rehlederne Handschuhe von kanariengelber, geradezu zwitschernder Farbe verbergen die polierte Maniktürtheit seiner restlos untätigen Hände. Von seiner Handschuh-Arbeit lebt der gut angezogene Herr.

Mit Vorliebe läßt er sich auf aussichtsreichen Caféterrassen nieder und, wenn es kälter wird, in der Fensterecke hinter einer glatten Spiegelscheibe, durch die er gern die Welt betrachtet. Da sieht er einen humpelnden Krüppel, dort einen blinden Bettler, drüben eine hastende Näherin. Diese könnte man ansprechen, jene beschenken. Ein Blick auf die Wärmeskala der Devisen im eben erschienenen Abendblatt überzeugt ihn von der Sicherheit seines Wohlergehens. In zeitlicher Parallele zum Dollar macht er Karriere. Die Sträflichkeit seines Lebens ist niemals strafbar.

Skeptisch blättert er in den Journalen der eleganten Welt, deren Gegenstand er selbst ist. Was soll er ihnen für die Wintermode vorschreiben, auf daß sie es ihm wieder vorschreiben? Sollen die Kragenspitzen noch mehr auseinanderstehen? Soll ein buntes oder einfaches Band den Hut zieren? Zwischen einer perl- und einer dunkelgrauen Hose schwankt er unentschieden, bis ihn der Klang seines Leibtwosteps aus fruchtlosen Sinnen reißt.

Seine Gedanken wandern Marys seidenen Strümpfen entgegen, die er in dieser Saison zu lieben gedenkt.

Die Welt mit den zwei Seiten

Vorwärts, 14. 10. 1922

Der Kapitänleutnant Tillessen, Mitglied der Orgesch und der Organisation C., des Deutschnationalen Schutz- und Trutzbundes und anderer Vereine, deren Zweck der phrasenumsponnene Mord ist, hat im Rathenau-Prozeß erzählt, daß er einmal in einem Seekampf zwei Menschen das Leben gerettet hat. Ich sah mir das Angesicht des Kapitänleutnants an und glaubte ihm sowohl die Menschenrettung wie den Mord.

Weshalb aber rettete der Kapitänleutnant, dessen Ziel es ist, möglichst viele Menschen umzubringen, just jene zwei? Geschah es aus eruptiver Liebe zur Welt? Aus plötzlich unüberwindlich gewordener Christlichkeit? Soll ich die Nächstenliebe für jene zwei begreifen, so bleibt mir der Nächstenhaß gegen die tausend anderen ein Rätsel.

Ein Kamerad im Felde, der eine Kote (Höhe) erstürmen half, bekam eine Auszeichnung, und ein anderer, der seinem Leutnant das Leben rettete, ebenfalls. Man schätzt also das Töten und die Rettung, den Gewehrkolben und die Tragbahre, das Giftgas und die Verbandwatte.

Allerdings – man schätzte alle diese widerspruchsvollen Dinge nur, wenn sie zusammen gebraucht wurden. Ja, die Tragbahre verdankte ihren Wert dem Karabiner, die Verbandwatte wurde nur dank der Existenz des Bajonetts anerkannt. Ohne Generale wäre das Rote Kreuz nicht vorhanden, und wenn die Gemeinheit nicht da wäre, könnten wir der Barmherzigkeit entbehren.

Wenn die Könige keinen Krieg machten, brauchten die Prinzessinnen nicht Pflegeschwestern zu werden, und der rettende Ansichtskartenengel, der seine Gloriole wie einen Regenschirm über den verwundeten Krieger hält, ist der Bruder jenes Teufels, der die 42-Zentimeter-Kanonen erfindet.

Denn so ist es in dieser Welt, daß der Kaiser die Männer tötet, um die Witwen und Waisen zu unterstützen. Neben den großen Fabriken stehen die Versorgungshäuser, und die wohltätige Linke weiß nicht, was die verbrecherische Rechte tut.

Ich glaube also jedem, daß er zwei Menschen das Leben gerettet hat und mehreren zu rauben es imstande ist.

Die Welt um uns hat nämlich zwei Kehrseiten, von denen eine Bestialität heißt, die andere Wohltätigkeitskomitee.

Nationalismus im Abort

Vorwärts, 9. 12. 1922

Im Prozeß gegen die Scheidemann-Attentäter hörte man von den Mördern selbst, daß sie ihren Plan in der »Toilette« eines Weinrestaurants reifen ließen. Man kann Grund haben, alle Aussagen der Attentäter zu bezweifeln – nur diese eine nicht. Deutschnationale Schutz- und Trutzbündler, selbst wenn sie in einem Heiligtum ihre Pläne schmiedeten, könnten es zum locus degradieren. Sie fassen aber ihre Entschlüsse nicht in Heiligtümern, sondern in den Aborten der Weinhäuser.

Ironie des Zufalls fügte es einmal, daß ein deutschnationaler Student und Defraudant nicht anders hieß, als – »Biertimpfl«. Ein zweites Mal, daß einer der Rathenau-Mörder den Namen »Niedrig« trug. Und derselbe ironische Zufall läßt einen nationalen Mordplan im Klosett reif werden.

Nicht nur Siegesalleen – auch Bedürfnisanstalten können die Gesinnung eines Volkes charakterisieren. Ich kenne mehrere Länder Europas und ihre Bedürfnisanstalten. Aber nur in Ungarn und in Deutschland fand ich so viel nationalistische Exkremente an Klosettwänden. In allen anderen Ländern sah ich nur sexuelle Schweinereien. In Deutschland auch politische.

Ein echter Nationaler kann keine Rotunde verlassen, ehe er nicht seinem Drange, ein Hakenkreuz hinter sich zu lassen, Genüge getan. Er weiß es selbst, wohin seine Gesinnung gehört und dokumentiert sie an passendem Orte. Dafür müßte man ihm eigentlich dankbar sein. Von den Argumenten (»Belangen«, sagt ein Völkischer), die in den Klosetts geäußert werden, lassen sich nur verwandte Naturen überzeugen. Der Nationalist hat sich selbst sein einzig mögliches Propagandasystem geschaffen. Allein, weil er in der Bedürfnisanstalt Politik zu machen gewohnt ist, betrachtet er jeden Ort, in dem er Politik macht, als Bedürfnisanstalt. Und benimmt sich danach.

Der Plan, Rathenau zu ermorden, ward in der Mensa der Technischen Hochschule geschmiedet. Damals glaubte ich, daß kein Ort mehr geeignet wäre für reaktionäre Meuchelmörder, als eben eine reaktionäre Hochschule. Aber siehe da: die Scheidemann-Attentäter hatten noch ein besseres Stelldichein gefunden: die »Toilette«. Sie selbst (nicht ich) rücken somit diese Örtlichkeit in die bedrohliche Nähe unserer Hochschulen.

Vielleicht – wenn jener oben angeführte ironische Zufall es will – wird es sich in der nächsten Verhandlung ergeben, daß die Harden-Attentäter ihren Mordplan in der – Bedürfnisanstalt einer deutschen Hochschule ersonnen haben. Nach den politischen Grundsätzen, die unsere Biertimpfls in jenen Räumen von sich geben, könnte man wohl auf Meuchelmörder schließen.

Wer es gut meint mit den Hakenkreuzlern – die »Deutsche Tageszeitung« zum Beispiel –, täte gut daran, seine Gesinnungsgenossen vor so häufigen Zeichnungen und Inschriften zu warnen. Ein Fremder, der, ohne Maurenbrechers Aufsätze gelesen zu haben, nach Deutschland kommt, könnte leicht glauben, das Hakenkreuz bedeute hierzulande dasselbe, was in anderen Ländern durch die Bezeichnungen »Hier«, »Für Männer« usw. ausgedrückt wird.

Die Freuden des Winters. Fürs deutsche Lesebuch bearbeitet

Vorwärts, 30. 12. 1922

Der Winter ist eine lustige Jahreszeit.

Er ist die Saison der Feste und Freuden, des Hungers und der Kälte, der Bestialität und der Barmherzigkeit. Diese Jahreszeit hat alle Eigentümlichkeiten einer kapitalistischen Institution.

Die Tage werden kürzer, das Elend wird größer. Die Erde hüllt sich in Reif und Schnee, und der Mensch in Skunks und Zobel. Nach Sankt Moriz und Garmisch-Partenkirchen wallrodelt die vornehme Welt.

Von der Gottheit des Sports mit gesundem Appetit begnadet, kehrt sie heim zu Kränzchen und Karneval. Ein gerechter Himmel streut Kaviar auf ihren Weg, das Manna der Reichen. Die Börse bleibt »fest und sicher«. Montanwerte steigen. Dank dieser glücklichen Umstände wird im Winter der Anfang des neuen Jahres gefeiert. Das geschieht in einer Nacht, die man mit Recht »Silvesternacht« nennt und für die beim Geschäftsführer Tische »vorausbestellt« werden müssen. In froher Zuversicht sieht man den kommenden Dingen entgegen. Aus Sektflaschen erknallt das Trommelfeuer des Friedens und der Eintracht. In der Feuerlinie des Silvesters fehlt keiner von jenen, die man in einer anderen vergeblich gesucht hätte.

Mit Wohlgefallen betrachtet man hinter glänzenden Spiegelscheiben frierende Bettler, Objekte der Wohltätigkeit und der duldsamen Polizei. Der Mensch ist gut, wenn er getrunken hat, und spendet Hundertmarkscheine aus Irrtum, der eine Güte des Unterbewußtseins ist. Gott Dollar lohnt dem Spender und steigt ums Zehnfache.

Des Morgens wandelt eine trübe Sonne über graue Himmel, arm und müde, als hätte sie im Asyl für Obdachlose genächtigt. Der Mensch hat seinen Rausch ausgeschlafen und kehrt zurück zu Nüchternheit und Spekulation. Über seinem neuen Jahre glänzt das Motto: *Gewinnen ist seliger, denn Geben!*

Eingewickelt in Schal und Pelz, abgeschlossen gegen Grippe und den Bazillus des Mitleids, wohldurchheizt von Eigenwärme, sich selbst liebend – ist jeder Mensch im Winter sein eigener Nächster. Erst auf dem Umweg über Maskenbälle wird er barmherzig. Unmaskiert bleibt er bestialisch.

So hat auch der Winter seine Schönheiten: Blumen blühen an Fensterscheiben, und die Sterblichkeitsziffer steigt, als stünde sie im Kursblatt. Die den Frühling am heißesten ersehnen, dürfen ihn nicht erleben. Dem Karneval folgt die Grippe auf dem Fuß – und wer jenen nicht mitgemacht hat, braucht diese nicht zu überstehen ...

Unabänderlich wie der Wechsel der Jahreszeiten sind die Gesetze der Weltordnung – sagt das Lesebuch ...

Die Abseits-Menschen

Vorwärts, 7. 1. 1923

Eine Droschke wartet, im Regen, vor der Diele.

Die Diele hat alle ihre Lichter rötlich besänftigt, und aus ihren Fenstern bricht gespenstisch ein Widerschein, wie bei einem Zirkusbrand im Film. Hinter den safrangelben Vorhängen sieht man die Silhouetten angeschmiegt kreisender Paare.

Die Droschke, die im Regen wartet, besteht aus einem Gefährt, einem Kutscher und einem Pferd.

Der Kutscher sitzt auf dem Bock, in einem Kittel, mit einer Kapuze, wie ein Mann ohne Unterleib. Die Beine hat er hochgezogen und er sitzt vielleicht auf ihnen. Oder er hält sie unter der Decke. Oder er hat gar keine.

Der Peitschenstiel schwankt gertenhaft im Regen und wedelt mit dem Lederriemen. Der Kutscher niest manchmal, und es klingt, als ob er wieherte. Das Pferd streichelt mit dem rechten Vorderhuf das Pflaster.

Vor der Drehtür der Diele wacht, goldbetreßt und imposant, ein Portier. Sein Schnurrbart mitten im Gesicht ist ein blonder Draht und läuft in zwei feine, aufwärtsgereckte Spießhaken aus, an denen man, wenn alle Kleiderrechen schon benützt sind, je einen Stadtpelz aufhängen könnte.

Die Drehtür kreist ewiglich um ihre Achse und aus ihren Fächern fallen Menschen heraus, wie Kohlenstücke aus einem Kran. Die einen fallen in die Straße, andere in die Diele. Die Drehtür ist eine philosophische Einrichtung, und manche erblicken in ihr ein Symbol des Lebens.

Der Portier greift immer mit der Rechten an die goldene Kappentresse, wie einer, der grüßen will, aber es doch lieber unterläßt. Wenn er wirklich einmal: Guten Abend! sagt, antwortet ihm keiner, als wäre er ein Automat oder ein Grammophon.

Der grüne Schutzmann entsprießt einer Mauernische und wandert gemessen der Diele entgegen. Der Portier hebt mechanisch die Hand an den Tressenrand und spricht. Man kann deutlich hören, daß er kein Grammophon ist, oder daß seine Platte viel mehr Worte hat als nur: Guten Abend!

Der Kutscher vernimmt durch den Halbschlaf verwehte Laute und schwenkt seine Beine vom Bock, wie ein Paar hohler Hosen. Dann steht er unten und beweist, daß ein Kutscher einen Unterleib hat und nicht ein Bestandteil der Droschke ist.

Der Dienstmann hockt auf einem Schemel, an die Wand gerückt, eine rot- und dunkelangestrichene Verzierung; eine verkleidete Freske mit einer Pfeife im Mund. Plötzlich bläst er eine Rauchwolke als Lebensbeweis in die Luft und bröckelt von der Mauer ab. Er schlurft zur Droschke und klatscht auf den Rücken des Pferdes. Dieser Laut gibt ihm den fehlenden Rest des Mutes und er schleicht in die Gruppe des Portiers, des Schutzmanns und des Kutschers.

Alle drei merken den Standesunterschied und bestätigen ihn durch Schweigen.

Der Cellist tritt aus der Diele, um sich abzukühlen. Er ist ein schwarzhaariger Mensch und seine Augen sind klein und glänzend, wie eingesetzte Glühwürmchen. Sein Scheitel ist glatt und sicher, als wären die einzelnen Haare an den Enden künstlich wieder in die Kopfhaut eingefügt. Der Scheitel verbreitet Sicherheit und erweckt das Bewußtsein, daß über ihm die fürchterlichsten Stürme fruchtlos verbrausen.

Der Cellist trägt einen Frack, aus der Weste schießt die Hemdbrust weiße Strahlenbündel in das Dunkel. Der Schutzmann grüßt und der Portier steckt die Hände in die Taschen, um ein kollegiales Verhältnis anzudeuten.

Eine ferne Glocke spuckt zwei erzene Schläge in die Straße. Um sie zu bestätigen, ziehen alle die Taschenuhren. (Nur der Cellist trägt eine Armbanduhr am Lederriemen.)

Um diese Zeit tritt ein grauhaariger Mann aus der Toilette und sieht geblendet in die tönende Helle, deren Widerhall in seine Stille gedrungen ist.

Er läßt Seife, Nagelfeilen, Bürsten, Zündhölzerpyramiden, die quadratischen Handtücher sorglos liegen.

Er kennt einzelne Herren und er fühlt sich etwas heimischer in fremdem Glanz, als hätte er in dieser Gesellschaft zahlreiche gute Freunde. Er lehnt wie ein zufriedener Besen an seiner Tür und lächelt.

Die Klänge des Jimmy kamen zu ihm immer leise und wie in Watte gewickelt; es waren isolierte Klänge. Von der schmetternden Pracht ihrer Nacktheit ist er nun ein wenig verwirrt.

Der Herr Direktor wandelt zwischen den Tischen umher und umsegelt mit den Frackschößen die Menschengruppen in der Mitte.

Draußen bekommt der Kutscher einen Betrunkenen vom gütigen Schicksal zugeschaukelt.

Der Schutzmann nimmt eine solche Gesetzesübertorkelung nicht zur Kenntnis.

Der Portier lächelt gönnerhaft und mit Kennermiene. Er sagt: Guten Abend! und der Betrunkene antwortet, *weil er die Menschen nicht mehr einschätzen kann.*

Der Dienstmann schlurft zur gegenüberliegenden Ecke und fügt sich wieder in die Mauer ein.

Nur der Portier bleibt, strahlend und golden, an seinem Platz neben der kreisenden Drehtür.

Philosophie des Schaufensters

Vorwärts, 3. 4. 1923

Das Schaufenster ist groß und breit und von einer verschwenderischen Freigebigkeit, lockend, spendebereit und dennoch verschlossen. Hinter dem edlen, sacht gewölbten Scheibenglas breitete die verständige Hand des Händlers die köstlichen Dinge aus, die in irdischen Paradiesen leben und wachsen: die zart-rosa getönten Schinken, gebettet in breite Rahmen aus weißlichem Speck, die prallen Würste, den leuchtenden Lachs, die fetten Käse in kostbaren silberpapierenen Gewändern, die milchgefüllten Kokosnüsse, kuriose Seltenheiten der Delikatessenwelt, die blutroten goldenen Orangen und die glänzenden Tiroler Äpfel, die wie täuschende Wachsimitationen der Natur aussehen ...

Alle diese Dinge sind mir, dem Betrachter, räumlich nahe, mein Blick greift nach ihnen, meine Netzhaut verzehrt sie, zehnmal, tausendmal, ich habe sozusagen ein Wiederkäuerauge. Ich segne die Gnade des mit Recht bürgerlichen Strafgesetzbuches, das meinen hungrigen Augen wiederholte Sättigung erlaubt und Genuß aristokratischer Leckerbissen. Meine vollgefressenen Pupillen weiten sich, um den Riesenumfang der Genüsse fassen zu können.

Allein, je mehr meine Augen verschlingen – der Inhalt des Schaufensters verringert sich nicht um den Bruchteil einer Speckrinde, nicht um das Tausendstel einer Nußschale. Unversehrt und in ewiger Ganzheit bleiben Lachs und Schinken, Orangen und Käse. Und je ausgiebiger meine Netzhaut sich sättigt, desto verlangender werden Nase, Gaumen und Magen. Ach, daß doch das ewig Irdische die Seele des Menschen im himmlischen Genießen hindert und brutal ideale Freuden des Betrachtens zerstört! Welch ein unbarmherziger Gott hat uns mit überflüssigen inneren Organen ausgestattet! Wußte der Allwissende nicht, daß die Händler vor die Waren die Preise setzten? Und daß die Menschheit eines Tages das kostbare Glas erfinden würde, um daraus Schaufensterscheiben zu machen?

Dünn und spröde ist eine gläserne Scheibe und ein Faustschlag könnte sie zerschmettern. Dennoch lähmt sie täglich zehntausend gierige Fäuste und verwahrt die Güter, die man ihr anvertraut, besser als eine Mauer. Mein Auge schlürft den Blutsaft der Orangen, aber in meinem Hirn lebt gleichzeitig die Vorstellung von einem Kerkergitter. Und darin liegt eigentlich die unheimliche Macht eines zerbrechlichen Fensterglases.

Denn zu den Materien, die diese Welt beherrschen, gehört das Glas, das die Menschen scheidet als solche, die *vor* und andere, die *hinter* den Fenstern leben.

Wir können einander sehen, erkennen und grüßen. Aber wir können nicht zu einander gelangen. Dem Blick ist die Berührung der kostbaren Dinge gestattet, den Händen ist sie verboten.

Also sinnend, vergaß der Philosoph vor dem Schaufenster seinen Appetit und ging befriedigt von dannen...

Josephus

Ruhr-Totenfeier mit Shimmyklang

Vorwärts, 21. 4. 1923

Hart an das UT-Kino am Kurfürstendamm grenzt der große Tanzpalast, in dem die Einheitsfront des Bürgertums dreimal in der Woche ihre patriotische Betrübnis an der Garderobe ablegt, um unbeschwert von traurigen Ruhrgedanken das geflügelte Shimmy-bein zu schwingen.

Nur eine dünne Wand trennt den Palast vom Vorführungsraum des Kinotheaters, – und wenn in diesem die Kapelle nicht spielt (in der Pause und während der Meßter-Woche), hören die Besucher des Kinos die gedämpften flotten Shimmyklänge.

In diesen Tagen geschieht es nun, daß die Meßter-Woche, die noch aus der traurigsten Angelegenheit ein patriotisches Geschäft zu machen versteht, und deren nationales Empfinden sich auf alle Ereignisse in Deutschland erstreckt, angefangen vom Tod eines deutschen Proletariers bis tief hinunter zu einer Parade Hinden-burgs –, daß die Meßter-Woche also das Begräbnis der Ruhropfer im UT-Kino abrollen läßt.

Und weil bei diesem Bilde die Kinomusik nicht spielt und es ge-rade einer jener drei Tage in der Woche ist, an denen der Nationa-lismus mit dem Amüsement einen Burg- will sagen: Tanzpalastfrie-den schließt – hört man als Begleitmusik zu dem Begräbnis der Ruhropfer – kling, klang – den *Shimmy von nebenan*; gedämpft, aber deutlich genug, um symbolisch zu sein:

für diesen Kurfürstendamm;
für diese Meßter-Woche;
für dieses nationale Bürgertum, das mit einem heiteren
Bein
und einem nassen Aug' Miterleber des schrecklichen
Proletariertodes ist.

Alle, die Augen haben, zu sehen, und Ohren, zu hören, erkennen in solch einem zufälligen Zusammentreffen von Shimmy und Tod den Sinn dieser Zeit, die sich beinahe zu einer »Großen« ausge-wachsen hat...

Der rote Joseph

Der Feiertag

Vorwärts, 1. 5. 1923

An unserem Feiertag schweigen alle Glocken, und der offizielle Gott der bürgerlichen Priester, der Herr der auserwählten Klassen, der Menschen mit gesellschaftlichem Rang und Ansehen, der Gott des Gottesgnadentums und der Krupp-Kanonen trägt sein wochentägliches Angesicht und tut so, als wäre keine Sabbatruhe in unserer Welt. Seine Geschöpfe, die Bürger, die Offiziere mit den schleppenden Schürhaken an den Hüften, die schwergeprüften Fabrikanten in den lackierten Automobilen, die rückwärts gewendeten Regierungs- und Landräte, die der Strahlen majestätischer Gnadensonne bitter entbehren, empfinden diesen Feiertag als eine Lästerung göttlicher Gebote, die da besagen, daß wir arbeiten müssen, auf daß jene unbehindert den Ämtern, dem Geld und der Ehre näherkommen. Der erste Tag ihres völkischen Wonnemonds ist ihnen unangenehm gemacht. An einem einzigen Tag im Jahr merken sie, daß die Welt verkehrt sein kann und dennoch nicht untergeht: daß solche minderwertigen Geschöpfe, wie Kellner, aufhören dürfen zu »bedienen«; daß so nebensächliche Attribute der Industrie, wie Fabrikarbeiter, auch einmal aufhören können, ein Rad in Bewegung zu setzen. Und siehe da: diese Welt besteht weiter, als hätte sich nicht das Ungewöhnliche ereignet: dieses Ungewöhnliche, daß die unbekannten Menschen aus den Tiefen emporsteigen und plötzlich durch die hellen Straßen marschieren; daß ihnen das Sonnenlicht so gut scheint wie allen andern; daß sie Luft atmen mit genau so konstruierten Lungen wie die konzessionierten Pächter der freien Lüfte.

Denn, wenn sie's nicht mit eigenen Augen sehn, glauben sie, daß ihnen der ganze Frühling gehört, wie die Gärten und Wälder, in die er einzieht; glauben sie nur an jene Feiertage, an denen die von ihnen bezahlten Küster die Glocken in Bewegung setzen; an denen die Priester beten für das Seelenheil jener, die sich bereits des leiblichen Wohls erfreuen. Und sie sind immer wieder erstaunt, daß ein Feiertag sein kann ohne Not im Kalender, ohne bürgerliche Weihe und ohne die Erlaubnis der Herrschenden. Ein Feiertag außerhalb der bürgerlichen Gesellschaftsordnung.

Und also kein Feiertag in überlieferten Formen. Sondern ein Tag der Ruhelosigkeit und der Bewegung. Nur jene, denen ein gütiger Klassengott Feste in den glücklichen Schoß wirft, dürfen rasten. Dieser Feiertag ist keine Rast, sondern Arbeit am Aufstieg und Kampf um den Mai.

Denn in *ihren* Gärten blüht der blaue Flieder, duften die Rosen, *ihrer* sind die sonnbeglänzten Tage und die unrationierten Kuckucksrufe in den grünenden Wäldern; die Liebe, nicht beschränkt auf flüchtige Stunden vor einbrechender Dunkelheit; die Wanderung in würziger Morgenluft und der Jubel der Lerchen. Ihnen gehören die Expreßzüge, die gen Süden fahren, in die Länder der fremden exotischen Früchte, ihnen die Flora und Fauna der ganzen Erdkugel, ihnen die Meridiane und Parallelkreise, der Äquator und das blaue Meer, die Kabine erster Klasse und die Essenzen und Öle aus den mühsam gezüchteten Blumen. Indes wir durch die Straßen schreiten, sitzen sie auf dem Balkon und erholen sich von unserem Anblick durch das Studium eines Fahrplanes. Ihre Phantasie beflügelt der Besitz – und zwischen ihrem Wunsch und seiner Erfüllung liegt *nur* das Geld.

Wir aber haben nur das Heute. Morgen ist wieder der Lärm der Schwungräder, der Staub des Abfalls, der Trost der frommen Sinnsprüche: Bescheidenheit ist eine Zier der Armen; Morgenstunde schüttet Gold in den Mund der Schlafenden; Arbeit ist ein Segen für die Arbeitgeber; Lohnerhöhungen, die heute besorgt werden können, verschieben wir auf morgen; liebe deinen Nächsten, wenn er für dich arbeitet.

An diesem Feiertag läuten ganz andere Glocken: Kein Küster bewegt sie, kein Priester predigt, und ihr Klang ist nicht golden, sondern eisern, denn es sind die Klänge von Übermorgen und nicht jene von Gestern. Wer sie nicht hört, ist taub.

Der Gesang des Bettlers

Vorwärts, 2. 12. 1923

An einer Kurfürstendammecke hörte ich einen Bettler »Deutschland über alles«, die »Wacht am Rhein«, »Heil dir im Siegerkranz« singen. Der Wind fegte wütend durch die Nacht, grausam stieg die Kälte von den Pflastersteinen auf, Passanten wehten, von ihr getrieben, vorbei und spät war es. Welchen Sinn konnte hier, an dieser teils gemiedenen, teils eilig passierten Ecke ein Betteln haben und welchen Gewinn brachte es? – Es schien, als hätte der Bettler hier Dienst, um ihn war die Einsamkeit eines nächtlichen Wachtpostens, und nur eine Disziplin, der militärischen ähnlich und verwandt, konnte ihn hier ausharren lassen. Ja, der Bettler glich einem Soldaten, der einen undankbaren, harten und unhygienischen Dienst versieht, ohne die Gründe und den Zweck seiner Tätigkeit zu kennen. Und wie eine Militärkapelle, die Gedanken an Heldentod musikalisch zu betäuben, lustige und patriotische Märsche spielt, wenn die Soldaten den Giftgasen und der Vernichtung entgegengehen, so sang die Kehle dieses Bettlers heldenhafte Lieder, während seinem Magen der Hunger und seinen Lungen die tödliche Entzündung drohten. Weshalb sang er nicht, wenn er schon durchaus singen mußte, von der bitteren Not seiner Tage? Wen hoffte er mit patriotischen Gesängen bis zur tätigen Barmherzigkeit zu rühren? Glaubte er, die nationale Gesinnung eines Passanten wäre stärker als Kältegefühl, Furcht vor Verkühlung und Sehnsucht nach dem warmen Bett? Wußte er nicht, daß gerade die nationalen Gesang liebenden Patrioten (wie die deutsche Industrie und ihr Gefolge) am kärglichsten zu spenden pflegen? Und was gingen nun ihn, den frierenden, hungernden, obdachlosen Bettler der Rhein und der Siegerkranz an? Wie konnte er sein persönliches Weh so unkennbar verbergen hinter dem musikalischen Ausdruck einer patriotischen Gesinnung? Ich kann nicht annehmen, daß der herrliche Gesang, der Schwung der Melodie, der mitreißende Text den Bettler seine traurige Situation vergessen ließen. Ich habe patriotische Lieder schon oft gehört: Studenten sangen sie, wohlgenährte Bürger in den Dielen, Offiziere und jene ganze Klasse, deren besonderes Vorrecht der akustische Patriotismus ist; die singen kann, weil sie essen darf.

Dieser Bettler aber sang zu Unrecht. Er hätte ungefähr singen sollen: »Wer nie sein Brot mit Tränen aß...« oder das Hungerlied aus den Webern oder jenes Weberlied von Heine, in dem von Alldeutschlands Leichentuch die Rede ist... Solche Lieder würden nicht nur der Situation des Bettlers entsprechen, sondern auch der Stimmung jener Straßenecke und der augenblicklich aktuellen europäischen Politik.

Der Bettler ist bestimmt falsch instruiert; jemand muß ihm gesagt haben, daß die Konjunktur nationalen Gesang erheische.

Das stimmt allerdings, nicht aber an den Straßenecken. Die Konjunktur für patriotische Musik blüht in den Herzen der Fabrikanten und in den Tanzdielen. Patriotischer Gesang ohne Sekt ist wie eine Militärkapelle, hinter der keine Kompagnie marschiert.

Oder sollte der Bettler wirklich aus Begeisterung singen? Flüchtet er vor seinem Elend in den Patriotismus? Und singt, um nicht zu schreien? Und wird kriegerisch, weil er kein Empörer sein darf? Dann ist er symbolisch. Millionen singen in Deutschland: Heil dir im Siegerkranz. Und ihr Leiblied müßte lauten: Wer nie sein Brot mit Tränen aß...

Fünf-Uhr-Tee

Lachen links, 1. 2. 1924

Der Fünf-Uhr-Tee ist eine Institution zur Förderung der bürgerlichen Geselligkeit. Er kommt nur für jene Menschen in Betracht, die für die Aufhebung des Achtstundentags sind, weil sie selbst keinen haben. Der Fünf-Uhr-Tee versammelt Männer und Frauen in einem Privatsalon oder in der eleganten Halle eines Hotels an mehreren kleinen Tischen, während auf einer Estrade ein Quartett musizieren muß.

Es muß bemerkt werden, daß um diese Zeit die Abendblätter bereits erschienen sind, so daß die männlichen Teilnehmer des Fünf-Uhr-Tees über ihre Gewinne beruhigt sind und mit innerer Sammlung dem Verlauf des Ekartés folgen können.

Indessen dürfen die Frauen über die neuesten Erscheinungen auf dem Modewarenmarkte sprechen und über die häuslichen Sorgen, die im Besitz eines »Trampels« bestehn. »Trampel« ist der bürgerliche Ausdruck für Dienstmädchen. Gattinnen gutgestellter Männer, die an der Börse spielen, müssen »Trampel« haben – weibliche Wesen, die gegen Bezahlung und Kost der »Herrschaft« ihren Sorgenbedarf liefern. Dafür dürfen sie die nur für Herrschaften reservierten Treppen nicht benützen, geschweige denn einen Bräutigam haben. Der Liebesgenuß ist lediglich den Frauen vorbehalten, die auch zum Fünf-Uhr-Tee dürfen. Man könnte sagen: Ohne Five-o-clock kein Geschlechtsverkehr!

Außer den Trampelsorgen gibt es noch jene, die um das Ziel der nächsten Sommerreise kreisen. Den Menschen des Fünf-Uhr-Tees stehn, wie man weiß, Berge, Sonnen, Seen, Täler und Meere zur Ferienverfügung, ebenso wie Teppiche und Spielsäle, Karlsbader Salz und Franzensbader Moor, heiße, warme und kalte Mineralquellen und der ganze Klassensegen der göttlichen Natur. An allen Heilquellen der Welt stehn, wie auf Tischen eines gutbesuchten Restaurants, Tafeln mit der Inschrift: »Reserviert – nur für Kapitalkräftige.« Die Sorgen der Fünf-Uhr-Tee-Menschen besteht nur in der Wahl einer solchen Tafel.

Und während sich die Gäste so die Zeit vertreiben, spielt die Musik »Peer Gynt«. Denn die Musik ist eine Erfindung zu Zwecken des

Fünf-Uhr-Tees. Sie füllt die Gesprächspausen aus und gibt dem Klappern der Teller und Löffel eine liebliche Begleitung.

Bis die Stunde des heiligen Abendmahls herannaht – denn heilig sind nur die Mahlzeiten. Dann endet der Fünf-Uhr-Tee. Man verläßt ihn, durch Konversation erfrischt, von Getränken durchwärmt und spricht: So vergißt man wenigstens seine Sorgen.

Es ist noch nie vorgekommen, daß ein Besucher des Fünf-Uhr-Tees sich ihrer erinnert hätte...

Der Mensch aus Pappkarton

Vorwärts, 10. 2. 1924

Ein Mensch aus Pappkarton ging durch die Straßen. Seine Schultern, sein Rücken, seine Brust und sein Unterleib waren aus Pappe. Nur seine Füße sah man. Statt des Kopfes saß auf dem papiernen Oberkörper des Menschen ein Würfel aus hartem Papier. Die Vorderseite dieses Würfels bildete sozusagen das Angesicht des Menschen. Es war ein sehr primitives Angesicht: zwei viereckige Löcher stellten die Augen dazu, eine dreieckige Öffnung vermittelte den Eindruck einer Nase. Er ging mit langsamen Schritten, in einem mechanischen Gleichmaß. Er hatte keinen Mund und keine Ohren. Er hatte es offenbar nicht nötig, zu essen und zu hören. Seine Aufgabe war: gehen, gehen, gehen.

Als wäre der papierne Leib ein Witz über seine eigene Tätigkeit und als würde sich die Haut aus Pappendeckel einen höhnischen Spott gegen die in zerrissenen Stiefeln steckenden Füße erlauben, – war sie an der Vorder- und an der Rückseite bemalt, gewissermaßen tätowiert: Die Tätowierung bestand aus einem großen, fast die ganze Vorderseite einnehmenden Automobil und der Überschrift: »Fix-Fix, das schnellste Auto der Welt«.

Man errät leicht, daß der Mensch, von dem ich erzähle, einer jener Männer war, die den unlogischen und mit ihren Einnahmen in Widerspruch stehenden Namen: »Sandwichman« führen. Widerspruchsvoll war seine ganze Erscheinung; er pries das schnellste Auto der Welt an und, um dessen Schnelligkeit dieser ganzen Welt zu suggerieren, mußte er langsam gehen. Er hätte gar nicht schnell gehen können. Denn jene Fix-Fix-Firma, die sich seiner bediente, hatte ihm den hinderlichen steifen Körper verliehen. Er war eine wandernde Litfaß-Säule: paradox genug. Wie grotesk wäre eine laufende gewesen! Seitdem es Fix-Fix-Automobile und überhaupt eine Reklame gibt, hat man noch keine scheugewordenen Sandwichmänner gesehen.

Nein! Der Mann ging langsam und illustrierte die Schnelligkeit der Fix-Fix-Wagen. An ihm vorbei, ihn überholend, rasten viele Autos und unter ihnen wahrscheinlich auch solche der Marke Fix-Fix. Der Mann wanderte ungestört weiter und, wie er so regelmäßig

Schritt für Schritt auf den Asphalt tat, war es, als würde er von einem Räderwerk betrieben. Es regnete und es hörte auf zu regnen. Die Sonne kam und verschwand hinter Wolken. Die Leute blieben stehen und sahen das lebendige Plakat und gingen weiter. Aber unermüdlich gondelte dieses die Straße entlang und zurück.

Unermüdlich? Konnte einer, der kein Gesicht mehr besaß, keinen Körper, und dem man nur die Füße belassen hatte, weil sie augenblicklich von der Fix-Fix-Fabrik gebraucht worden waren, ein Herz besitzen, das müde wurde und den Takt verlangsamte? Widersprach es nicht den Interessen der Firma? Wenn es gelungen war, ein Ebenbild Gottes so zu verwandeln, daß Gott selbst, wenn er es zufällig erblickte, glauben mußte, er hätte eine Fix-Fix-Reklame auf seinem ewigen Antlitz – gelang es nicht auch, diesem angestellten Wesen einen unermüdlichen Mechanismus statt des menschlichen Herzens einzusetzen?

Nein, es gelang nicht! Denn am Nachmittag, um die zweite Stunde, sah ich das Wunderbare: der Mann blieb stehen, legte zuerst seinen vorderen Teil ab und dann seinen Rücken, dann köpfte er sich selbst, stellte sein eigenes Ich vor sich auf den mit Recht so genannten »Bürgersteig« und setzte sich als ein ganz anderer, als ein gewöhnlicher, zweibeiniger Mensch auf eine Schwelle. Niemand wunderte sich darüber, daß ein Mensch aus hartem Papier wieder einer aus Fleisch und Blut wurde. Es ist leider nichts Wunderbares an dieser ganzen Geschichte vom Sandwichmann. In China wundert man sich auch nicht über die menschlichen Zugtiere, die man Kulis nennt und deren Aufgabe es ist, die Fix-Fix-Automobile überflüssig zu machen.

Der tapfere Dichter

Vorwärts, 20. 2. 1924

Die Tradition des politisch »indifferenten« deutschen Dichterwaldes gebeut Schweigen in allen Fragen des öffentlichen Lebens. Vor der Revolution war diese Schweigsamkeit gerade noch vernehmbar, heute ist sie betäubend. Sie übertönt das barbarische Geräusch der Reaktion und den gellenden Todesruf ihrer Opfer. Niemals haben die deutschen Dichter so laut gesprochen, wie sie jetzt schweigen.

Seit Goethe halten sie es für ihre Pflicht, die obligate wirkliche und metaphorische »Reise nach Italien« zu unternehmen, die eine Flucht vor Deutschland ist, – aber niemals eine zugestandene. Immer war es eine vorgetäuschte »innere Notwendigkeit«, die verwerflichen, unwürdigen Zustände des nationalen, politischen, sozialen Diesseits zu vergessen und von den heiteren Himmeln anderer Zonen das sogenannte »innere Gleichgewicht« zu entlehnen. Ach! wie leicht erhielt man das innere Gleichgewicht! Es wurde wenigstens niemals hörbar erschüttert. Nicht, als Eisner und Landauer, Luxemburg und Liebknecht und tausende Arbeiter ermordet wurden, nicht, als Fechenbach ins Zuchthaus wanderte, nicht, als Kahr den Thron »platzhaltend« bestieg und in München die Republik begraben wurde. Immer sitzen sie in einem Schwabing, die Dichter. Es ist kein geographischer Begriff mehr, sondern ein symbolischer.

Der ruht von der Feier seines eigenen Geburtstags aus und jener fährt durch die Städte und hält Vorträge über sein okkultistisches Erlebnis. Er wohnt in München und erlebt nicht die Materialisation der Brutalität: Adolf Hitler – sondern die Materialisationsphänomene des Schrenck-Notzing. Aber die phänomenalen Ereignisse der deutschen Reaktion sieht er nicht. Er ist ein »deutscher Dichter«. (Etwas vom Begriff des kaiserlichen Gottesgnadentums haftet seiner »Berufung« an.)

In Deutschland trennt man »Politik« von »Poesie«. Der Dichter, aus dem Gefüge seiner Zeit, seiner Klasse gelöst, lebt in einer abstrakten »Heimat«. Kein Wunder, daß ihn die metaphysischen Wunder mehr interessieren als die irdischen, als diese Geschehnisse: Fechenbach, München, Diktatur, die dadurch, daß eine Republik ihr

Geburtsort ist, wunderbarer werden, als sämtliche Geistererscheinungen in Deutschland.

Man weiß nicht, ob es Hochmut ist oder Indolenz, dieses peinliche, schmerzhafte Schweigen. Es ist jedenfalls vorhanden, man hört es und es verurteilt selbst diejenigen, von denen es ausgeht.

Diese Vorrede war notwendig, um eine Erscheinung zu erklären, die in allen anderen europäischen Ländern eine Selbstverständlichkeit wäre und bei uns eine Tat ist. *Heinrich Mann*, seit Jahren der einzige Rufer von Geist im brüllenden Streit der reaktionären Barbaren (des Großkapitals, des Nationalismus, des völkischen Gedankens), schreibt ein Buch: »*Die Diktatur der Vernunft*«, in dem folgende Sätze stehen:

»Ihr (der Bürger) Anblick zwingt den Unschuldigsten, zu fragen, was sie denn, außer Raffen, noch können – da sieht er: nichts. Gegen sie waren Monarch und Generalstab humanistische Genies. Einer von ihnen hatte gerade mit Hilfe eines Agenten, der vom Balkan kam, die Mehrheit der Aktien einer Berliner Bank heimlich und hinterrücks an sich gebracht. Dann ging er in eins der Parlamente und sprach – der Satz kam vor –: ›Ich kann meine Zeit produktiver anwenden als hier!‹ Mit Balkangeschäften. Derselbe wurde von einem Berichterstatter gefragt, für wen er eigentlich so unsinnig viel Geld verdiene. Er hätte natürlich sagen müssen: Für den Aufbau der deutschen Wirtschaft. Oder: Für Deutschland. Oder: Zum Heil der Welt. Aber nein, er vergaß sich. Für wen er so viel Geld verdiene? ›*Für meine Kinder*‹, sagte er schlicht.

»Industrielle beider feindlichen Länder fanden sich, nach vollbrachter Tat, dort zusammen, um zu beaugenscheinigen, was sie vollbracht hatten. Die Herren verließen ihre starken und glänzenden Autos. Obwohl von feindlicher Herkunft, schritten sie im besten Einvernehmen über die Stätte ihres Wirkens. Es war ihr gemeinsames Wirken. Die Feindschaft war in Wahrheit Arbeitsgemeinschaft.«

»Es gibt heute kaum noch vorgeschrittene Geistigkeit, ohne einen gewissen Internationalismus. Er wird bedingt schon durch die Qualität der Nationalisten.« – – –

Wie viele Dichter von Ansehen und Rang schreiben noch so in Deutschland? Wen von ihnen kümmert das Parlament, dieser Stinnes, diese Industrie, dieser Patriotismus? Wäre dieses Buch von Heinrich Mann selbst nicht so geistreich, selbst nicht so von musikalischem Rhythmus, vom edelsten dichterischen Atem durchweht, wie es ist, – es müßte nur als eine deutsche Kuriosität verzeichnet und verbreitet werden, zur Erleuchtung der Anständigen, zur Beschämung der schweigenden Dichter. Ich fürchte nur: sie werden sich nicht schämen. Auch sie sagen: ihr Reich sei nicht von dieser Welt, und glauben, sich dadurch berechtigt, zusehen zu dürfen, wie die anderen gekreuzigt werden. In einigen Jahren, wenn die Republik eine Legende geworden, wird sie ihnen das gegebene »distanzierte« Thema geworden sein. Denn ihr Blick ist so auf die Nachwelt gerichtet, daß sie an dem Untergang der Mitwelt schuldig werden.

Ballade vom Zusammenbruch einer bessern Familie

Lachen links, 22. 2. 1924

Zehnmal im Tage las er die Kurse und telephonierte mit der Devisenabteilung von Mendel und Compagnie – – Hundertmal fuhr er im Auto zur Börse und, wie ein Hirte des Abends in Paaren heimführt das folgsame Vieh, – so trieb er Effekten vom Haussetag in schweren Massen nach Hause, weiße, bunte, gescheckte durch seiner Konti Gebiet; pfiff dazu mit den Händen ein abendlich Schäferlied und gönnte selbst in der Nacht den Sorgen keinerlei Pause.

Seine Gattin hieß Jetti und trotzdem entbehrte sie den liebenden Mann, den ihr die Börse entzog, – – vierzehn Teller zerschlug ihr die Köchin, die deshalb flog – – und der Sealpelz der Freundin, mit der sie nicht ungern verkehrte, wider Erwarten gelang er – (sie hatte die gute Figur) – und raubte Jetti den Schlaf in ruhigen Nachmittagsstunden, – also beschloß sie (plötzlich und ausgerechnet beim Jour) noch in dieser Saison gründlich und sehr zu gesunden.

Und sie fuhren zu Lahmann bei Dresden, um sich zu retten aus dem Nervenzusammenbruch, der katastrophal manchmal die besseren Kreise befällt, so daß sie zum heiligen Gral, dem in Sanatorien befindlichen, pilgern in Schlafwagenbetten.

> Eh' sie die Ruhe gefunden, hat es lange gedauert
> Kurse stiegen und fielen, es gab Segen und Fluch.
> Manchen traf der Schlag und er kroch unters Leichen-
> tuch – –
> Heute noch, während ich dieses schreibe, schauert
> meine Schreibmaschine zurück vor solchem Familien-
> zusammenbruch.

Josephus

Der Schalter

Lachen links, 22. 2. 1924

Hinterm Schalter sitzt das unbekannte,
rätselhafte Es, von dessen Gnaden
alle leben müssen, die beladen,
einer trüben Menschheit Abgesandte,
in den Ämtern lange Schlangen stehn.
Brief- und Brot- und Invalidenmarken
teilt Es aus mit sehr bedächt'ger Tücke,
schwach sind vor ihm alle Starken, –
unerreichbar ihrem Blicke
läßt es Schiebefenster auf- und niedergehn.

Es regiert und alle warten
sehr gespannt und sehr ergeben
auf die guten, auf die harten
Worte, die durchs Fenster schweben;
Gottes Stimme weht aus dem Bureau –
deutsche Götter sitzen hinter Schaltern,
ihrer Laune preisgegeben,
ausgeliefert den Verwaltern,
Steuermarken, Menschenleben –
Hinterm Fenster thront der Bi-Ba-Bo.

Der Korpsstudent

Vorwärts, 24. 2. 1924

Der Korpsstudent ist das einzige zoologische Lebewesen, dessen »Vorkommen« nicht von geographischen und klimatischen Verhältnissen abhängig ist, sondern von staatlichen und nationalen. Während er also in Ländern, welche dieselben biologischen Bedingungen haben wie Deutschland entweder bereits ausgestorben oder überhaupt nicht entstanden ist, kommt er bei uns in zahllosen, durch die (»Couleur« genannte) Färbung von einander verschiedenen Gattungen vor.

Man trifft ihn in Kneipen, auf Mensurböden und bei völkischen Veranlassungen (zu denen die Vorlesungen der Professoren Roethe, Freytagh-Loringhoven und ähnlicher gehören), auch in Hörsälen. Der Korpsstudent ist auf den ersten Blick zu erkennen: die theologische Theorie, daß Gott den Menschen nach seinem Ebenbilde erschaffen, leugnet der Student in *praxi* durch Gesichtstätowierungen, die er »Schmisse« nennt. Auf der obersten Wölbung seines kurzgeschorenen Schädels trägt er ein mit schiefer Vehemenz aufgesetztes Käppi, um das ihn jeder amerikanische Telegraphen- und Expreßboy beneiden könnte. Quer über die Weste hat er ein buntes, zwei- und dreifarbiges Band geschlungen, das manchmal mit einer goldenen Phrase geziert ist, wie zum Beispiel: »Mit Gott für König und Vaterland«. Also projiziert er Gefühle und Überzeugungen nach außen, er selbst eine wandelnde Phrase, von Traditionen und Bier genährt, und durch die unwahrscheinliche Geduld seiner deutschen Mitmenschen am papiernen Leben erhalten. Da er keinen Inhalt mehr hat, lebt er als eine Schale weiter; und gleicht etwa einem bunten Lampion am Morgen nach einem Fest.

Um die Zweckmäßigkeit seiner Existenz dennoch zu erweisen, verursacht er Aufsehen und Geräusche – in der irrigen Meinung, daß akustische Wirkungen Daseinsberechtigung verleihen. Indes beweist er gerade dadurch seine exzellente Vergangenheit und seine anachronistische Gegenwart. Sein Lärm gleicht einem gelegentlich aus der Unterwelt aufsteigenden Rumoren mangelhaft gestorbener Geister.

Weil *er* aus den Fugen der Zeit gefallen ist, glaubt er, die Zeit sei aus den Fugen. Weil er den Tag verschläft, sieht er die Welt nur bei

Nacht – und auch dann nur doppelt. Deshalb verkennt er die Dimensionen der Wirklichkeit. Gespenster sehend, wandelt er selbst sich zum Gespenst, das im Klang des Bierglases Altheidelbergs Glocken zu hören vermeint. *Ihn* stärkt also ein Rausch, in dem andere untergehen. Vom Moder des Gewesenen und Verwesenen lebt er. Sein Glanz ist dem eines in der Nacht leuchtenden feuchten Kadavers zu vergleichen.

Dennoch – und weil er ein Toter ist, den die Geschichte zu begraben vergessen – macht er, durch Gesetz und Sitte vor der unbarmherzigen Wirklichkeit geschützt, seinen Weg, den man »Carriere« nennt, und der ihn zu Richterstühlen, in Anwaltskammern, an Krankenbetten führt. Er spricht Recht und verordnet Rizinusöl. Er wird ein Professor und bildet sich ein, Wissenschaft zu verbreiten, wenn er sein Wissen verbreitet. Die Ideale aus der Rumpelkammer seiner Jugend zieren seine Wände und hängen in seinem Gehirn. Er ist aus einem jungen Biertrinker ein »alter Herr« geworden. Denn genau so, als ob er jemals ein Lebendiger gewesen wäre, wandelt er durch die Jahre, an der Peripherie der Welt zwar und dennoch ihr zugerechnet, wird grau und stirbt endlich den Tod der Lebendigen, nachdem er ein Leben der Toten absolviert hat.

Seinem trauernd hinterbliebenen Korps hinterläßt er Maßkrug, Schläger, Hakenkreuz, Kappe, Band und was es sonst noch an studentischen Kulturutensilien geben mag. Seiner gedenkend und ihm nachzueifern beflissen, wächst die nächste Generation heran und pflanzt an seinem Grabe ihre Hoffnung auf, die unsere Enttäuschung ist ...

Geträumter Wochenbericht

Vorwärts, 2. 3. 1924

Ich leugne die Wirklichkeit des bedeutenden Ereignisses, das in dieser Woche Deutschland so schwer betroffen hat: ich leugne die Wirklichkeit des Hitler-Prozesses.

Ich leugne die Wirklichkeit des bedeutenden Ereignisses, das in dieser Woche Deutschland so schwer betroffen hat: ich leugne die Wirklichkeit des Hitler-Prozesses.

Man muß solche phantastischen Erlebnisse in das Gebiet der ohnehin in München heimischen Metaphysik verweisen. Auch der Zeitpunkt, in dem dieser angeblich tatsächliche Prozeß sich vollzieht, ist meiner Auffassung sehr günstig: Mitten im Karneval kommt ein Gerichtshof zusammen, macht seine Reverenzen vor den Angeklagten, diese werfen den Damen im Hörsaal Kußhände zu, die Justiz ist in eine Kaserne übersiedelt, die Angeklagten erheben die Anklage, die spanischen Reiter dräuen fürchterlich vor dem Eingang in den Kasernensaal, die Öffentlichkeit entsendet 60 gespitzte Bleistifte, und den armen Hausierern ist es verboten, Hosenträger in der Nähe des Gerichtssaals feilzubieten. Man müßte blind sein, oder, was dasselbe ist, ein naives deutsches Publikum, um aus all den oben angeführten Begleiterscheinungen nicht zu erkennen, daß in München kein »politischer Prozeß«, sondern ein Fastnachtstraum stattfindet.

Infolgedessen degradiere ich das Ereignis dieser Woche und zerre es aus den oberen Regionen des ernsten Leitartikels in die tieferen unter dem Strich. Es ist keine Erscheinung des politischen Lebens, sondern der geistigen Dekadenz. Es ist keine Gerichtssaalsitzung, sondern eine spiritistische Séance. Sie ist irrtümlich aus der Fakultät des Geisterprofessors Schrenck-Notzing in die des Ministers Emminger gefallen. Ich lasse mich nicht irreführen.

Ich lasse mich nicht irreführen, – und wäre der Ton, in dem die Zeitungen von diesem Prozeß berichten, noch so ernst, noch so sachlich, noch so pathetisch. Denn, hört Ihr nicht, Brüder, daß die Toten reden? Seht Ihr nicht, daß die Stenographen Geisterreden nachschreiben? Erkennt Ihr nicht aus den Bildern der »in den Gerichtssaal entsandten Sonderzeichner«, daß sie die Gestorbenen

abkonterfeien? In München öffnen sich die Gräber der Weltgeschichte, und aus ihnen steigen die begraben gewähnten Leichname. Ein grotesker Traum tritt in Funktion – und ganz Deutschland
nimmt dieses Wunder gleichgültig hin, als wäre es eine Selbstverständlichkeit.

Es erscheint ein Tapezierer, nennt sich »Schriftsteller«, und alle
glauben es ihm. Ein Schuster, der nicht bei seinem Leisten geblie-
ben, erzählt seine belanglose Biographie und schildert, wie er sich
aus einem »Weltbürger«, der er noch in Braunau gewesen, zu einem
»Antisemiten« in Wien entwickelt hat. Und die deutschen Zeitungen drucken es fleißig. Es fährt ein bereits im Totenregister der His-
torie unter dem Namen Lindström verzeichneter General im eigenen Auto vor und hält eine Rede gegen den Papst. Dieser mußte es
sein, just dieser General, der noch bei seinen Lebzeiten kein anderes
Buch gelesen hatte als ein militärwissenschaftliches – und sogar
dieses mit sehr geringem Nutzen. Aus dem Jenseits der abgeschaff-
ten Lesebücher steigt ein Oberleutnant Röhm auf und sagt: »Ich
bitte zu berücksichtigen, daß ich nur Offizier bin und als ein solcher
denke. Ich stand als Generalstabsoffizier an der Front und gehörte
zu den wenigen, die *glaubten, daß wir immer noch siegen würden.*«
Selbst unter Generalstäblern ein Rekord an Dummheit! Bedenkt,
Brüder: wie lange ist es her, daß jemand noch glaubte, wir würden
siegen? Mußte man nicht annehmen, daß diese Menschen schon
lange tot und begraben seien? Nein, seht! Sie leben! Sie sagen aus!
Sie wollen Revolutionen machen! Oh, welch ein Totentanz!

Es scheint mir, daß die deutsche Geschichte der Gegenwart und
der letzten Vergangenheit irgendeinen konservierenden Stoff aus-
scheidet, mit dem sie ihre Verstorbenen umgibt, so daß sie zur Fa-
schingszeit auferstehen und ihre Weltanschauungen in München
darlegen können. Aber das wäre die private Angelegenheit eines
Geister beschwörenden Zirkels gewesen und nicht eine der Öffentlichkeit und der Politik. Weil aber dem so ist, und weil sechzig Berichterstatter die Worte der Toten stenographieren, muß ich annehmen, daß ich diesen hier geschriebenen Aufsatz und seine Ver-
anlassung geträumt habe; daß ich ganz Deutschland geträumt habe;
seinen analphabetischen Tapezierer, meinen Kollegen, der, kaum
daß er lesen und schreiben aus einer Rassenfibel gelernt, schon
Schriftsteller und eine politische Persönlichkeit ward; seinen Gene-

ral, der, ein Schweizer im Vatikan zu werden, wozu seine Begabung ausgereicht hätte, gegen den Papst zu Felde zieht; dieses Rasseln verrosteter Säbel, dieses Kadaverleuchten lebender Leichname, diese Zeitungen, die Witzblätter wider Willen werden, indem sie über den Prozeß in München berichten.

Es ist nicht anders: ich träume einen Fastnachtstraum, und der heißt: Deutschland.

Ludendorff und das Schlachtvieh

Vorwärts, 7. 3. 1924

Die deutsche Gegenwart ist reich an witzigen Ereignissen. Wir sehen dabei von den absichtlich herbeigeführten, ernst gemeinten und wider Willen ihrer Urheber humoristisch wirkenden ab und beschränken uns auf jene, deren Autor der Zufall ist. Ein ahnungsloser Zufall? Ein boshafter? Es gewinnt den Anschein, daß es ein bewußt boshafter, mit uns im Bunde stehender ist. Hätte man in Deutschland mehr Sinn für seine großartige Bissigkeit, wir brauchten um die Revolution nicht so heftig zu kämpfen. Er macht die Generale, die Völkischen, die bayerische Justiz lächerlicher, als es der feindseligste Satiriker könnte. Leider übersieht man ihn und seine Wirkungen. In der pathetischen Atmosphäre, in der wir unsere politischen Angelegenheiten zu erledigen lieben, verliert sich das petitgedruckte witzige Ereignis. Versuchen wir es, zu retten.

In einer Zeitung fand ich die leider sehr klein gedruckte Nachricht mitten unter anderen, daß ein Dampfer, der Stinnes (wem sonst?) gehört und »Ludendorff« (wie denn anders?) heißt, in jüngster Zeit zu Rindertransportzwecken umgebaut wurde; und zwar handelt es sich um den *Transport argentinischen Schlachtfleisches nach Europa.*

Dies ist der Inhalt der kurzen Meldung. Kein Satiriker hat sie erfunden. Ein biederer Berichterstatter hat sie der Welt verkündet. Sie wurde nicht dementiert. In knappen drei Sätzen enthält sie die ganze unglückselige Komödie, deren Helden und handelnde Personen die Mächtigen sind: Stinnes und Ludendorff. Deren leidende Personen *wir* sind: das Schlachtfleisch. Wie wunderbar die Symbolik der Tatsache, daß Stinnes der Besitzer eines »Ludendorff« ist; wie noch wunderbarer der Umstand, daß sogar der unschuldige Körper eines toten Schiffes in irgendeine enge Verbindung mit Schlachtvieh gelangen muß, sobald jenes nur den Namen unseres Feldherrn trägt. Es geht von diesem Namen ein überirdischer Zwang zur Bestialität aus und erstreckt sich auch auf seelenlose Dinge. Es könnte gar nicht anders sein! Wie grotesk die Vorstellung, daß ein Dampfer, namens »Ludendorff« ein Ausflugsschiff etwa für friedliche Passagiere wäre! Unser Bundesgenosse, der boshafte Zufall, kann es nicht zulassen. Er baut das Schiff um. Ein Dampfer, der so heißt, kann nur einem einzigen Zweck dienen: dem Schlachtviehtransport. Es geschieht einfach diesem Manne zuliebe, dessen Klang assoziativ die Vorstellung von deutschen zum Schlachtvieh degradierten Soldaten wachruft.

Leider war der Zufall auch boshaft genug, diesen Ludendorff einmal zum Kapitän eines untergehenden Schiffes zu ernennen, das »Deutschland« hieß. Seine Tätigkeit war damals dieselbe: er transportierte Schlachtvieh. Wir waren es zufällig. Er aber kann – in welcher Gestalt er immer auch auftaucht – nicht anderes, als Schlachtvieh transportieren; ob er nun ein General, ein Rebell oder ein Dampfer ist. Nennt eine friedliche Sense: »Ludendorff« und sie wird sich in ein Schwert verwandeln. Nennt einen Besen: »Ludendorff« und der Besen wird schießen. In der harmlosesten Gestalt verleugnet er sein Wesen nicht. Geschah es doch, daß er einmal als friedliebender Morgenspaziergänger aus dem Hause trat und – ohne daß er gewußt hätte, wie – ein Revolutionär wurde! Blut klebt an den Buchstaben seines Namens, den er nur einmal für kurze Zeit geändert hatte. Was fängt man in einer Zeit ohne Stahlbäder mit dem Träger dieses Namens an? Der Ausweg liegt nahe, ihn seinem Charakter gemäß zu pazifizieren: er wäre vielleicht kein ungeschickter Schlächter jener argentinischen Rinder, die der Dampfer seines Namens nach Deutschland bringen soll. So bleibt ein General wenigstens in seinem Fach.

Josephus

Dialog über Walhall

Vorwärts, 30. 3. 1924

Alfred und Eduard, zwei unpolitische Naturen, die sich aber leidenschaftlich für die Politik interessierten, trafen wieder einmal zusammen. Alfred fragte: »Was ist Dir in der Politik der letzten Zeit besonders aufgefallen?« Darauf erwiderte Eduard:

»Ich habe die Verteidigungsrede Ludendorffs gelesen und über seinen Wunsch, für sich und Hitler Ehrenplätze in Walhall zu bekommen, lange nachgedacht.«

»Nach welchen Grundsätzen«, fragte Alfred, »werden denn die Walhallplätze verteilt?«

»Ungefähr so«, erwiderte Eduard, »wie die Ehrendoktorate der deutschen Universitäten. Ich zweifle nicht daran, daß die Komiteeleitung von Walhall bereit sein wird, Ludendorffs Wünsche zu erfüllen. Der Weg nach der Götterburg soll seit einiger Zeit mit Diktaturgelüsten, Putschabsichten, Rebellionswünschen gepflastert sein.«

Alfred: »Ist denn die Walhalla nicht schon stark überfüllt?«

Eduard: »Es scheinen noch Logenplätze frei zu sein. Außerdem dürften Neubauten vorgenommen werden. Und übrigens mußt Du Dir das ungefähr so vorstellen wie eine Untergrundbahn. Nach irgendwelchen metaphysischen Gesetzen, die ja drüben noch mehr in Anwendung kommen als in unseren unterirdischen Haltestellen, gehen immer noch einige hinein.«

Alfred: »Ich kann meine Bedenken dennoch nicht ganz unterdrücken. Ein General wie Ludendorff wird, obwohl er ja in dieser, selbst für Generale seltenen Verbindung von Unverstand und Größenwahn nicht häufig vorkommt, in Walhalla dennoch kein besonderes Aufsehen erregen. Aber soviel ich weiß, ist das germanische Jenseits auf streng feudalen Grundsätzen aufgebaut – und ich glaube zu wissen, daß die verstorbenen Mitglieder des »Verbandes deutsch-nationaler Juden«, trotz dringender Empfehlungen von höchsten und sogar allerhöchsten Stellen, entschieden abgelehnt wurden. Was werden die oben versammelten Könige und Helden zu so einem bürgerlichen Mitglied sagen, wie es Adolf Hitler ist, der bekanntlich ein Tapezierer aus Oberösterreich ist?!«

Eduard (entrüstet): »Wie kannst Du nur die deutschnationalen Juden mit Hitler vergleichen! Hast Du nie etwas von dem Prinzip der Rassereinheit vernommen? Dinters »Sünde wider das Blut« zirkuliert in Walhall in hunderttausend Exemplaren, und der Arierparagraph und die Weltanschauung über Satisfaktionsfähigkeit, die aus Waidhofen an der Ybbs stammt, also ebenfalls, wie Hitler, aus Österreich, sind die hervorragendsten unter den modernen Walhallgesetzen. Eine Ausnahme wurde seinerzeit nur bei Richard Wagner gemacht, der bekanntlich jüdisch belastet ist – aber nur mit Rücksicht auf seine großartigen Verdienste um die germanische Heldensage und um den Stabreim. In Hitlers Ahnenreihe wirst Du bestimmt weder auf einen Juden noch auf irgendeine Intellektualität stoßen. Im übrigen wird er dort jene Bescheidenheit lernen, die ihm hier abhandengekommen ist. In seinem unscheinbaren Cutaway wird er zwischen all den Rüstungen verschwinden. Im Rate der Götter wird er weder Sitz noch Stimme haben, wohl aber ganz gut einen Schriftführerposten ausfüllen können, oder Vorturner in der Riege des alten Jahn werden, oder Privatsekretär bei Wilhelm Jordan oder auch bei Stöcker.«

Alfred: »Du magst recht haben! Bedenklich scheint mir nur, daß Hitler weder die Umgangssprache in Walhall, die Sprache der Eddalieder, noch auch nur das Mittelhochdeutsche beherrscht. Wie wird er sich verständigen können?«

Eduard: »Eine Verständigung ist nicht nötig und wäre sogar von Schaden. Du mußt nämlich wissen, daß auch die Genies, insofern sie ihre Rassereinheit nachgewiesen haben, sich von Zeit zu Zeit aus nationalen Gründen in Walhall einfinden. Seitdem Treitschke seinen Einzug gehalten hat, waren Goethe und Herder allerdings nur sehr selten zu sehen. Lessing war schon wegen seines kompromittierenden Verhältnisses zu Moses Mendelssohn lange nicht mehr dagewesen. Allein es kommen immer noch ein paar weniger empfindliche Naturen, die aber doch bedeutende Geister sind, wie zum Beispiel Ludwig Uhland, Gottfried Keller. Schließlich ist Bismarck fast immer noch anwesend. Und siehst Du: Männer dieser Art wünschen gar keine Verständigung mit den Herren der Neuzeit. Die letzten großen Geister, die es trotz dem Andrang immer noch aushalten, würden verschwinden, wenn Hitler mit ihnen zu sprechen anfinge. Deshalb ist es gut, daß er sich nur mit seinesgleichen verständigen kann.«

Alfred: »Du weißt mich immer wieder zu beruhigen, lieber Eduard, aber ich habe dennoch eine große Sorge auf dem Herzen: Kannst Du Dir vorstellen, was die Gefallenen vom Weltkrieg anfangen werden, wenn sie Ludendorff erblicken?«

Eduard: »Auch darüber kann ich Dich trösten. Die Gefallenen befinden sich erstens sehr weit von jenem Platz entfernt, der dem General vorbehalten ist. Sie kamen gewissermaßen, weil sie ja meist Mannschaften, Juden, Katholiken oder gar Proletarier waren, direkt aus den Massengräbern in das gewöhnliche Stehparterre, wo es ihnen, in Anbetracht der fehlenden Gliedmaßen, ohnehin nicht sehr bequem ist. Außerdem aber bin ich überzeugt, daß sie aus Angst vor einer neuen Mobilisierung und dem Versuch des Generals, das Jenseits in einen Kasernenhof zu verwandeln, beim ersten Gerücht von Ludendorffs Ankunft in die Hölle flüchten werden.«

Alfred (ungläubig): »In die Hölle? Du glaubst, daß jemand freiwillig die Hölle wählt?«

»Gewiß, glaube ich es«, antwortete Eduard, »denn die Hölle mit allen ihren Qualen und lodernden Fegefeuern ist ein Paradies gegenüber einem Himmel, in dem sich Ludendorff befindet...«

Berliner Bilderbuch

Der Drache, im April 1924

Der alte Tiger des Berliner Zoologischen Gartens ist aus Gründen der Humanität von seinem Wärter erschossen worden.

Der Tiger war krank und dem Tode nahe. Seine Beine zitterten, seine Augenlider schwollen an. Das Fell schlotterte um sein Knochengerüst, wie ein fremder, geschenkter Mantel. Er lag im Käfig, sanfter als ein Lamm, und die Menschen lachten.

Sie hatten sich vom Weltkrieg bereits erholt, dank jener Leichtigkeit des Vergessens, welche die Menschen vor allen anderen Tieren auszeichnet. Ihre Gesundheit war schon so weit vorgeschritten, daß es sie nach einem neuen Krieg gelüstete. Vergessen waren Drahtverhau und Dörrgemüse, abgelieferte Kirchenglocken und Küchenmörser, Opfer der Religion und der Wirtschaft, Heldengreifkommission und Heldengräberkommission, die Erhebung der Gemüter und die Entlausung der Körper. Die Menschen gingen schon wieder in den Zoologischen Garten, die Raubtiere zu bewundern, als hätten sie sich von Raubtieren durch andere Fähigkeiten unterschieden, und nicht durch die des Vergessens.

Der Tiger aber vergaß die Große Zeit nicht, in der man ihn mit kleinen Mohrrüben gefüttert hatte. Kleine gelbe Mohrrüben bekam er, während die ganze Welt aus Menschenfressern bestand. Dieweil der Mensch sich bemühte, den Tiger an Grausamkeit zu übertreffen, fütterte er den Tiger mit Mohrrüben.

Diese Zeit konnte der Tiger nicht verwinden. Dem Menschen war von allen masurischen Sümpfen wenigstens der General zurückgeblieben; von der ganzen Unterernährung eine blutarme Revolution; von allen geflüchteten Ruhmdefraudanten ein heimgekehrter Kronprinz; vom ganzen Christentum ein Hakenkreuz.

Was aber blieb dem Tiger? – Nur der saure Mohrrübengeschmack des Weltkrieges; ein schlotterndes Fell; kranke Augen; zittrige Gliedmaßen.

Vor einigen Tagen erschoß ihn der Wärter. Und von allen Schüssen, die seit 1914 gefallen waren, ist dieser einzige Schuß der nützlichste.

Einem andern Exemplar der Wissenschaft ist der Krieg nicht so schlecht bekommen, wie dem Tiger: der Professor der Germanistik, Herr *Roethe*, kann Mohrrüben besser vertragen. Er lebt und könnte, was Kriegslust betrifft, jeden gesunden Tiger beschämen.

So groß ist die Achtung des deutschen Bürgers vor Kant sogar an dessen 200. Geburtstag noch nicht, daß ein Verbot den Roethe hindern könnte, Kant zu feiern; und so groß ist kein Genie, daß es 200 Jahre nach seinem Tod vor Grabschändungen sicher sein könnte. Die Unsterblichkeit ist mit einer Jubiläumsrede von Roethe wahrlich teuer bezahlt.

Diese Rede beschloß die Kantfeier der Berliner Universität. Roethe »behandelte« Kant vom »preußischen Standpunkt« und eröffnete den Zuhörern, daß die »Kant'sche Moral« den Geist »echt preußisch aus der Wirklichkeit erlöst« habe. Der Traktat vom ewigen Frieden bedeute nichts gegenüber der Tatsache, daß er den Krieg als eine wertvolle Triebfeder betrachtet habe, alle Talente der Kultur zu entfalten.

Den »aus der Wirklichkeit erlösten Geist« repräsentiert der Roethe. Man merkt es, wenn er anfängt, seine Talente zu entfalten, deren Triebfeder der Krieg ist. Und es gibt kein Gesetz, das den Tigern Professorenstühle und den Professoren Käfige verschafft! Laßt die Tiere Jubiläen feiern und ein Wildschwein wird einen Philosophen besser würdigen können.

Der Geist der republikanischen Behörden ist nicht aus der Wirklichkeit erlöst: Noch ist das Blutbad von Halle nicht trocken und schon rüstet man zu einer völkischen Heerschau im *Berliner Stadion*. Vorläufig ist es nur eine Zeitungsnotiz. Aber die letzten Jahre haben bewiesen, daß es mit Zeitungsnotizen anfängt und mit beschämenden Niederlagen der Republik niemals aufhört.

Ich weiß nicht, wer das Stadion gebaut hat. Aber gewiß haben jüdische Steuerzahler dazu beigetragen. Wenn diese Juden überhaupt noch die Absicht haben, sich zu wehren, so haben sie jetzt einen Anlaß. Ihnen gehört das Stadion, wie allen andern. Man kann sie in ihrem eigenen Hause nicht beschimpfen und ermorden.

Aber die Logik argumentiert: weshalb nicht die Juden, wenn man die Republikaner in ihrer eigenen Republik beschimpft und mordet?

Austauschpolitiker: seit einigen Tagen ist Kahr in Berlin. Ludendorff bleibt in München.

Gespräch über den deutschen Professor

Vorwärts, 13. 4. 1924

»Die Universität Neapel«, sagte Alfred, »feiert das Jubiläum ihres 700jährigen Bestandes. Zu dieser Feier hat sie die bayerische Akademie eingeladen. Nun, und was hat die bayerische Akademie geantwortet?«

Eduard: »Sie wird doch die Einladung nicht etwa zurückgewiesen haben?!«

Alfred: »Ihre Mitglieder sind deutsche Professoren, und diese seltene Menschengattung weist *jede* ausländische Einladung zurück. Der deutsche Professor steht auf dem Standpunkt, daß die Universität von Neapel an dem Friedensvertrag von Versailles schuldig ist, obwohl nicht die italienischen Professoren, sondern die italienischen Generale und Diplomaten an diesem Friedensvertrag mitgewirkt haben.«

Eduard: »Wie kann man nur Diplomaten, Generale und Professoren miteinander verwechseln?«

Alfred: »Der deutsche Professor kann alles. Verwechselt er sich doch selbst mit einem General. Bei der vorletzten Rektorsinauguration der Berliner Universität sangen die Studenten das kriegerische Lied: »Wohlauf, Kameraden, auf's Pferd, auf's Pferd ...« Der Rektor Roethe hatte sie dazu aufgefordert; obwohl es gerade einem deutschen Professor eher ziemen würde, etwa den Text so zu singen: »Wohlauf, Kameraden, auf's Steckenpferd!« Aber es war nicht dieses gemeint, sondern ein wirkliches Schlachtroß, obwohl die Kavallerie in den modernen Kriegen nur eine untergeordnete Rolle spielen kann. Das wußte der Germanist Roethe nicht. Seine Kollegen von der chemischen Fakultät sind besser unterrichtet. Sie wissen, daß nicht ein munterer Ritt ins Feld der Ehre entscheidend ist, sondern die Wirkung des Giftgases. Die Chemiker sind praktische Naturen, die Germanisten romantische. Aber deutsche Professoren sind sie alle, das heißt: Menschen, denen der geistige Stahlhelm über Augen und Ohren gerutscht ist, so daß sie Stimmen und Erscheinungen der Außenwelt nicht mehr wahrnehmen können.«

Eduard: »Und die Wissenschaft leidet nicht darunter?«

Alfred: »Es gibt seit einigen Jahrzehnten eine Inzucht der deutschen Wissenschaft und eine peinlich gewahrte Rassereinheit des deutschen Geistes. Die Entwicklung der wissenschaftlichen Ideen vollzieht sich in Deutschland unter dem hermetisch schließenden Stahlhelm, wie die Entwicklung exotischer Pflanzen in einem glasüberdeckten Treibhaus. Nur, daß der Stahlhelm die Sonne nicht durchläßt. Die Liebe des deutschen Professors zum Schlachtroß ist zwar mehr eine platonische. Denn reiten hat er nie gekonnt. Wohl aber hat er bereits den Knüppel schwingen gelernt, den er von Kunze bezieht. In der Linken das Buch und den Knüppel in der Rechten steht er heute auf dem Katheder, bereit, die Wissenschaft zu verbreiten und gleichzeitig Neapolitaner, Juden, Franzosen, Marxisten niederzuschlagen. So nimmt er allein den Kampf gegen die Welt auf – und sie, die es nicht zu wissen scheint, schickt ihm Einladungen.«

Eduard: »Wie ist es möglich, daß sie es nicht weiß?«

Alfred: »Daran sind wir selbst schuld. Wir kümmern uns gar nicht um die Universitäten – und sie sind auch nicht mehr ein integrierender Bestandteil unseres öffentlichen Lebens. Sie sind höchstens das Agitationsmaterial im Wahlkampf der nationalistischen Parteien. Also sind wir, die wir keinen Kontakt mit den Akademien haben (und ihn auch nicht brauchen), immer noch geneigt, dem Professor mehr Achtung zu zollen, als er verdient. Dieser unbegründete Respekt vor der Autorität ist höchst verderblich. Ein qualifizierter Arbeiter, der denken kann, ist klüger als zehn Forscher, welche ein Leben damit zubringen, die Umlaute des Gudrunliedes zu zählen. Deshalb ist der denkende Arbeiter auch Sozialist, das heißt: Zukunftsmensch; deshalb sind neun von zehn Professoren auch Nationalisten, das heißt: Vergangenheitsmenschen.«

Eduard: »Willst du leugnen, daß die Wissenschaft den Menschen befreit?«

Alfred: »Das eben ist die folgenschwere Verwechselung. Ich leugne nicht die befreienden Impulse, die von der Wissenschaft ausgehen. Ich leugne die Möglichkeit einer *Befreiung durch den Professor.* Weil wir so dumm sind, den Professor für die Wissenschaft zu halten, respektieren wir die Bannmeile, die von der Tradition um die Hochschule gelegt ist. Wir stören den Professor nicht, weil wir immer noch glauben, er arbeite an seinen Büchern. Er aber arbeitet indes nur mit der Linken, während er mit der Rechten exerziert. Es hat sich ein Durcheinander zwischen Generaltum und Professorentum herausgebildet, während wir uns um die Bannmeile drückten. Ludendorff, der ein General ist, hält Vorträge über die Walhalla und die Forscher der Eddalieder fordern ihre Schüler auf, das Pferd zu besteigen. Der Feldwebel forscht nach dem Ursprung der Rassen in seiner Kompagnie und die Hörer des Seminars für Rassenforschung üben sich im Schießen auf proletarische Zielscheiben. Diese Tatsachen erörtern wir nicht genügend laut. Deshalb weiß es die neapolitanische Universität nicht und sie lädt infolgedessen noch die deutschen Professoren ein.«

Eduard: »Werden die neapolitanischen Gelehrten nicht sehr beleidigt sein?«

Alfred: »Wenn sie Philosophen sind: nein! Denn sie haben ihre Abweisung nicht von jenen erhalten, die sie eingeladen hatten! Sie luden deutsche Gelehrte ein, und nur durch eine falsche Adressierung kam die Einladung an bayerische Professoren. Sie luden die Freiheit ein und ihnen antwortete die Barbarei. Es ist, wie wenn ein Dichter an die Sterne appelliert und ihm fallen Hakenkreuze ins Angesicht.«

Eduard: »Was werden die Neapolitaner jetzt denken?«

Alfred: »Sie werden denken, am deutschen Himmel leuchten keine Sterne mehr, sondern Hakenkreuze.«

Eduard: »Und ich glaube, sie werden richtig denken ...«

Josephus

Deutsche Elendsreime

Lachen links, 18. 4. 1924

Für wilde Kaiser Schlachten schlagen,
das können wir –
uns ist die Arbeit von Zwölfstundentagen
nur ein Pläsier –
das Hungertuch, an dem wir nagen,
ist aus Papier. –

Das nimmt der Stinnes für die Zeitung
uns auch noch fort –
denn für die Weltkriegszubereitung
braucht man das Wort –
dann lesen wir die theoretische Ausarbeitung
über den Mord. –

Dann kommt es in die Orte, die zu nennen
nicht delikat,
hierauf verkauft man uns, nach chemischem Durch-
brennen,
damit man was zum Essen hat,
was wir als unser altes Hungertuch erkennen. – –

So wird man satt.

Josephus

Ritter Meuchelmord

Lachen links, 18. 4. 1924

Das ist der Ritter Meuchelmord
mit dem zerbrochenen Ehrenwort,
das Großmaul voller Niedertracht,
das Eure Leiden kalt verlacht!
Das ist der Lump, der alle Feind'
aufs neue gegen Deutschland eint.
Eh' Ihr dies Untier nicht gefällt,
wird niemals Frieden auf der Welt!

Wer hat uns in Montur gepreßt
und unsre Opferstirn betreßt
mit Troddeln, Totenköpfen,
und mit Manchettenknöpfen?
Wer tränkte uns im Bad aus Stahl
von Celsiusgraden ohne Zahl?

Der Kaiser und der General,
der Junker und das Kapital,
der Priester und der Fabrikant,
Professor mit dem Burschenband – –
Der Krämer, der im Laden stand,
Profite zog vom Hinterland,
und noch einmal und noch einmal:
der Kaiser und der General!

Wer war der Trommler Komm-nur-mit,
der bleich an unsrer Seite schritt?
Er paukte leis, er paukte laut
auf einer toten Menschenhaut – –
wer hat den Trommler kommandiert,
und ihn mit Kreuzen tapeziert?
Der Kaiser und der General,
der Junker und das Kapital,
die Zeitung mit dem Extrablatt,
das unser Weh besungen hat,

der Doktor mit dem Burschenband,
der Priester und der Fabrikant – –
und noch einmal und noch einmal:
der Kaiser und der General!

Wer stampft aus unserm Fleisch und Blut
den Dünger für sein Rentengut?
Und wer kassiert den Restbetrag
vom Vierundzwanzigstundentag?
Wer pflanzt den goldnen Zepterstab
auf unser Proletariergrab?
Der Kaiser und der General,
der Journalist, das Kapital,
Bankier, Professor, Burschenband
und Priester, Junker, Fabrikant – – –
und noch einmal und noch einmal und *noch einmal*:
der Kaiser und der General!

Kommentar zu Kant

Lachen links, 18. 4. 1924

Wohin ich blicke, starrt mir sehr fatal
und kategorisch hartes Muß entgegen, –
auf Warnungstafeln an des Lebens Wegen
malten es Professoren der Moral.

Mich führt die strengste der Philosophien
gefesselt an dem harten Gängelbande
der Sittlichkeit und in dem Zwangsgewande
der gottgewollten Disziplin.

Rechts ein Befehl und links ist ein Verbot
hinten die Pflicht in Exerziermarschtritten
zwei Professoren – ich in ihrer Mitten –
und vor mir – sittlich unvermeidlich – harrt der Tod.

Und wie sich meine *praktische* Vernunft auch wehrt –
die *Reine* schickt mich in die Unterwelten:
denn philosophisch kann mein Ich nicht gelten,
sobald es, seiend, die Moral versehrt.

Der Galgen wächst abstrakt – und wurzelt dennoch tief
–
und wird von Henkern praktisch angewendet:
So mancher dachte, der an ihm geendet:
Der Galgen, scheint mir, ist ein Imperativ!

Vergeblich heb' ich meine Beterhand
zum Himmel – dort, als sittlich harter Wille
sitzt Gott und liest durch eine Weisheitsbrille
zweihundert Jahre schon ausschließlich Kant.

Josephus

Praktische Anwendung

Lachen links, 25. 4. 1924

Auf philosophischen Fundamenten ruhn Kasernen –
Man kanns von deutschen Professoren lernen,
daß allgemein und generell
Gehorsam nötig ist, um alle schiefen
Persönlichkeitserscheinungen zu strecken,
auf, daß sie gerade ausgerichtet,
zu Doppelreihen verdichtet
in Uniformen stecken:
so wird aus kategorischen Imperativen
der kategorisch preußische Appell.

Josephus

Legende vom Kasernenhof

Lachen links, 25. 4. 1924

Ein Kasernenhof stand kühl und düster
eingefangen zwischen Kasematten.
Täglich exerzierten dort Soldaten; –
über ihnen war ein Kriegsminister,
wie ein schwarzer Heldentodesschatten.

Alle Tage schoß man mit Patronen
auf die Mittelpunkte weißer Scheiben,
aß zu Mittag altgedörrte Bohnen,
putzte das Gewehr zum Zeitvertreiben. –
Niemals ruht' ein Vogel hier vom Fluge,
denn er fürchtete die Geßlerhüte –
und es wuchert' giftig aus der Fuge
zwischen Steinen die Kasernhofblüte.

Also hieß die Flora dieser Gegend. –
Ihre Fauna waren Offiziere;
und die Pest der Disziplin erregend,
kommandierten Chargen: exerziere! – –
Eines Tages aber sprengte
der Kasernenhof die grauen Wände
und begann zu wandern und er lenkte
seinen Schritt in blühendes Gelände.
Alsobald starb unter seinen Tritten
Wald und Feld und Stadt und Hof und Garten,
Offiziere trampelten beritten
und sie schwangen Leichentuchstandarten –
Alles Lebende ward schnell geändert
in Zielscheiben, deren schwarze Mitte
Herzen waren, blut- und fleischgerändert, –
sie zu treffen war Befehl und Sitte.

Der Kasernenhof, dem das nicht genügt hat,
wandert weiter, Land und Stadt verschlingend,
aber, weil der Reichstag es verfügt hat,

tut er seine Arbeit fröhlich singend.
Aber ich erschau an seiner Seite
einen Tambour, weiß und lang und hager,
fröhlich trommelnd späht er nach der Beute – –
Ein Kasernenhof noch wandert heute:
morgen ist er schon ein Leichenlager.

Josephus

Naturgeschichte des Generals

Lachen links, 25. 4. 1924

Der General ohne Gegner ist wie *eine* Waage, an der nur *eine* Schale hängt; ein Einerseits ohne Andererseits; ein Salonkitsch ohne Pendant; ein Teil eines Zwillings ohne den andern.

Der General ohne Gegner ist eine halbe Erscheinung. Keine andere Menschengattung ist mit ihm zu vergleichen: ein Jäger, dem kein Wild vor die Flinte kommt, ist trotzdem ein Jäger; ein Redner ohne Zuhörer bleibt dennoch ein Redner; ein Dichter ohne Leser ist trotz allem ein Dichter; und ein Kaufmann ohne Käufer ist auch ein Kaufmann.

Denn alle diese Berufe sind mehr oder weniger natürliche Berufungen, auch wenn ihnen die Wirkung fehlt. Sie wirken nur tragisch, die Dichter ohne Leser, die Redner ohne Zuhörer und die vergeblich lauernden Jäger. Ein General aber ohne Gegner wirkt entschieden lächerlich.

Sein Beruf nämlich ist keine natürliche Berufung. Zwar ist der Wille zum Kampf auch natürlicher Instinkt. Aber kein dauernder Zustand, sondern nur ein zeitweilig bestehender.

Es gibt in der Natur keine Nur-Kämpfer. Das Raubtier kämpft lediglich, um sich zu sättigen. Nach beendetem Kampf ergibt es sich seiner friedlichen Beschäftigung: dem Beischlaf, der Wanderung, dem Bad, dem Schlummer. Es legt gewissermaßen die Rüstung ab. Es entmilitarisiert sich. Es demobilisiert. Es wird sogar sanft.

Nur der General wird niemals sanft. Seine Niederlage erbittert ihn. Sein Sieg reizt ihn zu neuem Kampf. Seine Tätigkeit ist Mittel ohne Zweck; eine Art l'art pour l'art. Er kämpft nicht, um satt zu sein, wie es selbst das grausamste Tier tut. Er kämpft, um zu siegen. Seine Beute ist nicht seine Nahrung. Deshalb ist er die moralisch niedrigste Erscheinung unserer Weltordnung.

Seine Beute ist nur das Nährmittel seiner Beutegier. Sie sättigt seinen Ehrgeiz. Sie bringt ihm Ehre und deren sichtbaren Ausdruck: Den Orden aus Blech, Eisen und Gold.

Wenn er aber keinen Feind hat, der General?

Mit dem Raubtier, das keine Beute findet, kann ich Mitleid fühlen. Denn es leidet die Qualen des Hungers (die wir alle kennen – mit Ausnahme der Generale). Der General aber, der keine Beute findet, leidet die Qualen des unbefriedigten Ehrgeizes. Deshalb erweckt er in mir nicht das Gefühl des Mitleids, sondern jenes süßere der Schadenfreude. Ich spotte seiner, wie eines Teufels, der kein Versuchsobjekt findet.

Denn erst das Opfer macht den Teufel zum Teufel. Erst der Feind macht aus dem General einen General. Ohne Gegner ist er nur ein Begriff. In einer Welt des Friedens, die sich nicht von Menschenfleisch nährt, ist der General nicht einmal ein Sättigungsinstrument. Er gleicht also einer Lokomotive ohne Eisenbahnzug; einer Brücke, die nicht von einem Ufer ans andere führt, sondern von einem Ufer ins Wasser. Und das ist lächerlich.

Da aber ein General vor der Lächerlichkeit eine größere Angst empfindet, als ich vor ihm, schafft er sich krampfhaft einen Feind. Wenn er keinen »äußern« findet, so erfindet er einen »innern«.

Deshalb ist die Existenz eines Generals fast noch gefährlicher, als sie lächerlich ist. Sein Dasein allein schafft Feindseligkeit und Haß.

Man kann nicht einmal versuchen, ihn abzuschaffen, ihn zu demobilisieren, zu zähmen. Ein dressiertes Raubtier ist immer noch für einen Zirkus ein Gewinn. Wer aber würde eine Menagerie besuchen, in der Generale ausgestellt sind? – Da die Gattung nicht selten ist und stündlich ohne Entree besichtigt werden kann?

Und wer fürchtete sich nicht vor einem General – und befände er sich selbst hinter Gittern?! ...

Josephus

Parade eines Gespenstes

Vorwärts, 30. 4. 1924

In der geräuschvollen lebendigen Hauptstraße erschien in der Mittagsstunde ein Gespenst. Obzwar es schrecklich genug war, gehörte es doch keineswegs zu dem Geschlecht jener Gespenster, die in der traditionellen Aufmachung, lautlos und bleichen Angesichts, in Bettlaken oder in langen Hemden zu erscheinen pflegen, wenn die Mitternacht schlägt. Im Gegenteil: dieses Gespenst erschien am hellen Mittag, von einer effektvollen Regie mit Lärm in die Straßenszene gesetzt, buntgekleidet und von der verblüffenden Wirkung eines Reklameplakats. Dieses Gespenst war geeignet, im gleichen Maße Grauen wie Aufsehen zu erregen.

Es trug auf dem Kopfe einen Helm aus massivem Metall, an dessen Vorderseite ein königlicher Wappenadler die Schwingen ausbreitete, wie auf dem Schild eines Finanzamtes. Es war ein Prachtexemplar der Heraldik, halb schwebte es und halb klebte es, und es hielt genau jene Lage ein, die den meisten herrschaftlichen Symbolen eigen ist und durch die ungewollt zum Ausdruck gebracht wird, wie schwer es den Herrschenden fällt, das auszuführen, was sie gerne darstellen. Um den Oberkörper des Gespenstes spannte sich ein Rock von einer strahlenden Bläue, welche die Farbe des südlichen Himmels weit überblaute. Die Beine steckten in Hosen, die seitwärts breite rote Streifen trugen, von der Farbe getrockneten Menschenblutes. Die Hosen landeten unsichtbar im Innern der Stiefel, die aus schwarzem Spiegelglas hergestellt schienen. Es war, als hätten sie die Aufgabe übernommen, statt des Kopfes die Bilder der Außenwelt aufzunehmen. An die Absätze waren Sporen geheftet, die unaufhörlich klingelten, wie Miniatur-Alarmsignale winziger Radfahrer. An der linken Seite des Gespenstes schepperte ein langes Eisenstück, das oben von einem Korbgriff gekrönt wurde. Diesen Griff hielt das Gespenst unter dem linken Arm, ungefähr wie lebendige Menschen eine Aktentasche zu tragen pflegen, oder einen Regenschirm außer Betrieb. Auf beiden Schultern dieser phantastischen Erscheinung klebten Achselklappen. Von ihnen ging ein unbeschreiblicher blendender Glanz aus, als wären sie aus Sonnenzwirnen hergestellt und mit Mondscheinfäden durchwirkt.

Dieses märchenhafte Traumbild schritt, Aug' und Ohr betäubend, mitten durch eine reale Straße. Es ragte über die meisten Passanten hinaus. Es war wie ein wandelndes Denkmal und man sah es schon von weitem. Es ging mitten in einem Bannkreis von mindestens zwei Schritten, denn es verscheuchte die geblendeten Menschen, so daß sie entweder zurücktraten oder auswichen und sich erst in einer gewissen Entfernung umwandten, um noch einmal der Gnade dieses seltsamen Anblicks teilhaftig zu werden. Ein ständiges feines metallenes Klirren kündete die Erscheinung an. Man vernahm es durch den Lärm der Autohupen und der knatternden Omnibusräder, der brummenden elektrischen Drähte und der klingelnden Straßenbahnen. Es war leise, aber durchdringend. Es erinnerte an die Stimme eines lächelnden Todes, der unter Tschinellenbegleitung kommt. Der eiserne lange Schürhaken an der Seite schlug sirrend an das Knie, wie eine ferne Sense an Sommertagen.

Das Gesicht beschattete bis zur Nasenwurzel der Helm. Immerhin konnte man noch die Augen erblicken. Sie glänzten blau, wie das Tuch der Uniform und ihr Ausdruck war sehr streng, aber auch sehr leer. Sie waren irgendwohin, in ein ungewisses Land gerichtet. Sie fanden kein Hindernis und reichten bis ans Ende der Welt, das ihr Besitzer wahrscheinlich erhoffte. Sie waren kühn und nicht zum Schauen fähig, sondern lediglich zum Blicken. Der kleinen Nase fehlte die Kuppe. Es war, als sollte sie abgebaut werden und als hätte man gleichsam ihren äußersten Ziegel schon abgetragen. Das Kinn ragte, Löcher in die Luft bohrend, spitz, weißbestäubt und vordringlich über den hohen Halskragen und warf einen kleinen Schatten auf die vorgewölbte Brust. Die Wangen glühten, im Gegensatz zu den Gesichtern mitternächtlicher Gespenster, im sanften Rosa einer festlichen Konfirmationserregung.

Woher kam dieser Geist mitten in die Welt der Elektrizität, der Radiowellen, der Mikrophone, des Asphalts, der Arbeit, der Warenhäuser, der Fabriksirenen, der Autoreifen, der Zeitungsverkäufer, der Telegraphenboten, der Dienstmänner, der Motorräder? War es ein Reklameartikel der mittelalterlichen Geschichte? Ein personifiziertes Kapitel der Vergangenheit? Ein Statist aus einem historischen Film? Ein Bühnenrequisit aus bemalter Pappe?

Ach, es war ein wirklicher Geist. Er war nicht verkleidet, er war uniformiert. Ich merkte es an dem feinen Leichenaroma, das er ausströmte. Er roch nach Stickgas. Seine Sauberkeit hatte ihre Ursache in Stahlbädern. Ich wäre ihm gerne gefolgt, um zu sehen, wo er verschwinden würde. Vielleicht ging er in eine Bibliothek und legte sich wieder in einen alten Band der Weltgeschichte, aus dem er gestiegen war. Oder er ging in die heiligen Hallen des Kasinos. Oder in das Wahlbureau einer nationalen Partei, die ihn als Wahlplakat verwendete?...

Josephus

Gasgranate

Lachen links, 2. 5. 1924

Habt Ihr schon vergessen,
wie die Gasgranate stank,
wie der Pastor sang
bei den Totenmessen?

Totenmessen im Karst,
Messen in den Vogesen
mußte der Pastor lesen,
weil die Granate barst.

Der Gasgranatengestank
wartet auf seine Stunde
mit dem Kaiser im Bunde
und dem Heldengesang. –

Habt Ihr schon vergessen,
Eurer armen Ehre Feld?
Ein Graben und ein Zelt,
ein Wachtmeister und ein Held
und eine Gasgranate,
gestiftet von Krupp in Essen.

Josephus

Wulles deutscher Wald

Vorwärts, 18. 5. 1924

Ich war schon lange nicht mehr in einem deutschen Wald. Singen die Vögel noch dort? Rauschen die Bäume noch? Blüht die blaue Blume der Romantik noch? Säuselt die fromme Lyrik noch durch die Zweige?

Was macht die Lyrik im Tegeler Forst zum Beispiel? Blüht die blaue Blume aus dem Moder der völkischen Leichen, aus den zerfallenden Knochen der Abgekillten, – und rauscht die Romantik just an jener Ecke, um welche die Opfer Wulles gebracht wurden?

Dem Wulle gehören die deutschen Wälder und nicht mehr dem Eichendorff. Der Lyrik nicht mehr, sondern der Mordpropaganda. Ich habe mir sagen lassen, daß seit einigen Jahren das Getier der Tegeler und anderer Forstreviere von Jägern unbelästigt, das ihm von Gott vorgeschriebene Leben absolviert und, daß die alten Hirsche im Kreise ihrer Enkel ihre Existenz beschließen. Denn es ist bereits einige Jahre her, daß das edle Waidwerk an *Menschen* ausgeübt wird und daß Spitzel, »Verräter« und Verdächtige die Rolle der Hasen und der Rehe übernommen haben. Die Jagdscheine stellt nicht mehr die Forstverwaltung aus, sondern der Herr Wulle, ein völkischer Oberjäger. Bei dem Schützen Grütte-Lehder zum Beispiel, der seinen Kameraden Müller recte: Dammers so waidgerecht erledigt hat, fand man diesen Ausweis:

»Herr Robert Grütte-Lehder, Berlin-Waidmannslust, ist von *Herrn Reichstagsabgeordneten Wulle* bevollmächtigt, die für den »Deutschen Herold« erforderlichen *Unterlagen im Falle Müller zu, beschaffen*. gez. Wilhelm Kube, Reichsgeschäftsführer.«

Der moderne Ausdruck für zeitgemäße Menschenjagden lautet also: »Unterlagen beschaffen« und gegeben ist dieser Jagdschein ja auch an »Grütte in Berlin- *Waidmannslust*«: Ist diese »Waidmannslust« nur eine geographische Bezeichnung, oder ist sie das Gefühl, das den Bevollmächtigten und den Jagdschein-Geber erfüllte, als sie beide daran gingen, die »erforderlichen Unterlagen« zu beschaffen? Jedenfalls hatte die Waidmannslust Erfolg. Der Jäger wurde auch von der Polizei freigelassen. Weshalb auch nicht? War er etwa ein Mörder? Er war ein edler Waidmann. Jäger sperrt man nicht ein. Er war auch kein Wilderer. Er besaß einen Jagdschein von dem Herrn Reichstagsabgeordneten Wulle, gezeichnet von Wilhelm Kube, der sich » *Reichsgeschäftsführer*« nennt, obwohl wir bis jetzt nichts davon gehört haben, daß Herr Kube die Geschäfte des Reiches führe. Vielleicht aber führt er sie wirklich und wir wissen nichts davon? Es sieht ganz danach aus im Reiche, als führte der Herr Wilhelm Kube die Geschäfte.

Sie haben sich das so eingeteilt: Dem Kube die Geschäfte des Deutschen Reiches und dem Wulle die deutschen Wälder!

Der Herr Reichstagsabgeordnete Wulle erhält Diäten, um dafür Jagdscheine für den Tegeler Forst zu verteilen. Seitdem er die Forstverwaltung übernommen hat, verbreitet sich die Tragik statt der bisher üblich gewesenen Lyrik in den deutschen Wäldern. Blutrot färbt sich die bläuliche Blume der Romantik. Eichendorff wird seine Wälder nicht wiedererkennen.

Ist es möglich, daß die Vögel noch singen? Haben sie nicht den letzten Schrei der völkischen Opfer gehört? Duftet es noch nach Harz, Laub und weicher Erde? Stinkt nicht die Leiche im Tegeler Forst – nach Wulle und Verwesung? Breitet sich die Pest nicht aus von den »Unterlagen«, die der Mörder für den »Deutschen Herold« zu beschaffen hatte? Ich möchte mich gerne überzeugen, ob sich die deutschen Wälder verändert haben. Aber ich werde nicht hingehen. Denn hinter jedem Baum lauert ein Grütte mit einem Jagdschein von Wulle und besorgt im Auftrag des Kube die »Geschäfte des Reiches«.

Ich verzichte auf den Tegeler Forst und auf die übrigen deutschen Wälder. Den Wulle kann ich schließlich auch im Reichstag treffen, wo er nur die Diäten bezieht und keine Jagderlaubnis erteilt.

Obwohl ihn die »Waidmannslust« wahrscheinlich immer und überall erfüllt.

Josephus

Prozeß im Halbdunkel

Frankfurter Zeitung, 4. 6. 1924

In Berlin geht ein Prozeß zu Ende, der ein »politischer« genannt wird, und der das Interesse der Kulturhistoriker, der Psychologen und Dichter mehr verdient als jener der Politiker, die doch nur das Stoffliche, das »Material« des Prozesses in Anspruch nimmt. Bedeutsamer ist die *Atmosphäre*, aus der er herauswächst und das Halbdunkel, in dem er spielt. Interessanter als die Frage nach dem »Was« ist diesmal die Frage nach dem »Wie« und »Wer«. Vor den Schranken des Gerichts stehen die Vertreter einer neuen Zeit und einer neuen Romantik; die Typen des modernen Halbdunkels, jener Gewitterbeleuchtung, in der die Grenze zwischen Staatsaktion und Verbrechen, zwischen Patriotismus und Pathologie, gläubiger Schwärmerei und zynischem Spitzeltum verschwinden. Es ist der Prozeß gegen Thormann und Grandel, denen man einen Mordversuch an General Seeckt vorwirft.

Es ist ein Prozeß der halben Worte, der Achtel-Geständnisse. Wer oft in Gerichtssäle kommt, wird wissen, daß die *Zuhörer* charakteristisch sind für die »Sache«, über die verhandelt wird. Ich will versuchen, einen Teil dieser Zuhörer zu beschreiben: Männer zwischen achtzehn und vierzig. Kleinbürger, gewesene Offiziere, Matrosen, die man an ihren scharfen und zugleich naiven Augen erkennt, Studenten und Halbstudenten, viele in der schon Uniform gewordenen Kleidung derjenigen, denen der politische Dilletantismus zum Sport geworden ist und die infolgedessen Sportjacken mit Gürtel tragen. Ich habe den Mut, eine eigene Rassentheorie aufzustellen, die ebensowenig wissenschaftlich fundiert ist wie jede Rassentheorie, aber mehr Wahrscheinlichkeit ist: diese Deutschen »Konsuln«, Stahlhelmträger, Versailler-Rollen-Sprenger, Stammbaum-Kletterer hat eine gemeinsame Lebensweise, eine gemeinsame Denkart, ein einheitlicher Wahnwitz wirklich zu einer Gemeinschaft gemacht, die gemeinsame Rassenmerkmale aufzuweisen hat. So bildet sich eine Ähnlichkeit unter Menschen, die lange in der Gefangenschaft oder in sibirischer Verbannung gelebt haben und von dem gleichen Ideenkomplex beherrscht werden. Es gibt wirklich eine Rasse: die völkische.

Ihre Angehörigen sitzen im Gerichtssaal und stehen vor den Richtern. Tettenborn, der Sekretär der Partei, mit dem länglichen, scharfen Gesicht, dem Windhund ähnlichen Profil. Alles ist Spitze in diesem Antlitz, die Nase, das Kinn, die Backenknochen, alles sucht, drängt sich vor, wittert, der Blick verrät Bereitschaft zu allem und flüchtet sich doch hinter die Lidervorhänge wie ein Lauscher, der immer fürchtet, er hätte sich zu weit vorgewagt. Thormann, der mit dem Auftrag zur Ermordung kam und einen geeigneten Mörder suchte, wie man einen doppelten Buchhalter sucht oder einen tüchtigen Inseratenaquisiteur. Thormann mit dem Hang zur maßvollen Fettleibigkeit wie ein Prokurist am Beginn seiner Karriere, aus dem Stadium des gewöhnlichen Vollstreckers bereits hinaus und noch nicht der alleinverantwortliche Befehlshaber. Den »typischen« Blick hat auch er, den unsichern, der Verborgenen, Verbergenden, auch die witternde Nase und nur das schon gerundete Kinn der Sicheren. Dr. Grandel repräsentiert die ältere Generation und ist ein Kleinbürger. Bei ihm bricht sich der Fanatismus an den Schutzwällen des kleinbürgerlichen Gemüts und eine furchtsame Besonnenheit wehrt sich gegen die Gewalt der Idee. Deshalb wird er ein Sonderling, ein Eigenbrötler, der die Ziele der Partei außerhalb der Partei erstrebt und ein zuverlässiger Kämpfer nicht in, sondern *neben* der Reihe wird. Er leidet an Herzanfällen. Gewiß fördert die Aufgeregtheit den konstitutionellen Fehler. Er ist ein Choleriker mit Hemmungen. Er hat das Gesicht eines alten Verwaltungsbeamten. Die Haltung eines lange Sitzenden, der mechanisch und fleißig Kolonnen schreibt.

Dann gibt es noch einen Köpke, einen jungen Mann ohne Besonderheiten, der typische Botenjunge, fix, »anstellig« und mit dem Hang zur Lüge ohne Zweck. Man kann viel mit ihm anfangen, er selbst kann es nicht. Dieser Mann war Leutnant. Alle waren Offiziere. Alle durften sie befehlen, strafen, Verantwortung tragen. Sie hatten den Beruf des Aufrechten und sind im Grunde Spitzel. Ihre Tricks sind billig. Dennoch »fielen« sie aufeinander »herein«.

Das ist die Atmosphäre der Nachkriegszeit. Ein Historiker müßte diese Menschen festhalten. Sie wissen alle irgend etwas, was die Sicherheit des Staates gefährden könnte. Es scheint, daß man sich wirklich ihrer bedient hat. Jede Aussage ist hier eine Verheimlichung. Jedes Geständnis eine Verschleierung. Jedes Wort eine halbe Unwahrheit.

Gruß an Ernst Toller

Vorwärts, 20. 7. 1924

Seit drei Tagen ist Ernst *Toller* in Berlin, der Dichter der »Maschinenstürmer« und des »Hinkemann«, ein erfolgreicher Dramatiker, ein Lyriker von Kraft und Inbrunst und – was uns mehr bedeutet: *ein Märtyrer für das Proletariat*, der fünf Jahre in jener bayerischen Festung gesessen hat, die noch »Niederschönenfeld« heißt und inoffiziell in allen anständigen Ländern Europas die deutsche Kulturschande genannt wird. Wären wir noch in der Lage, uns den »Luxus eines Kulturgewissens« zu leisten, dann wäre heute Ernst Toller nicht der einzige lebendig der bayerischen Justiz Entronnene, dieser Justiz, die so wenig eine »irdische Gerechtigkeit« handhabt, daß man sich wundern muß, wenn man eines ihrer Opfer noch auf irdischen Pfaden wandeln sieht. Es ist eine geradezu metaphysische Justiz: schickte sie doch Ludendorff in die Walhalla und unzählbare Proletarier ins Jenseits! Deshalb grüßen wir in Toller einen Auferstandenen. Eine Wiederkehr aus bayerischer Gefangenschaft ist ebenso wunderbar wie eine Auferstehung.

Man kommt, ihn zu bestaunen. Die Presse ist so gedrängt in seiner Nähe, daß sich jeder einzelne Schmock auf seine eigenen Hühneraugen tritt. Ach! es ist dieselbe Presse, die sich gar nicht danach gedrängt hat, gegen die bayerische Festungshaft zu schreiben; dieselbe Presse, die ein Verbot in Bayern mehr fürchtet, als sie ein »Interview« mit Toller ersehnt; diese Presse, die sich alles leisten kann: Photographen, Zeichner, Berichterstatter – nur nicht eines: den Mut. Was ihr an dieser Eigenschaft abgeht, ersetzt sie durch Zudringlichkeit. Und so kann man seit drei Tagen sehen, wie fix die deutsche Journalistik ist, wenn einer das Gefängnis *verläßt*. Aber seit sechs Jahren erleben wir es zweimal täglich, wie stumm sie ist, wenn einer ins Gefängnis *gelangt*; und wie totenstill, wenn Proletarier massakriert werden. Sie ehrt den sozialistischen Tod durch Schweigen.

Ernst Toller sieht nicht wie ein »weltfremder Schwärmer« aus. Es ist Energie in seinem dunklen, jüdischen Gesicht, er hat den Blick eines Beobachters, nicht den eines versonnenen Träumers. Er spricht und formuliert schnell. Es ist Festigkeit in seinem Wesen, in seinem Gesicht der Skeptizismus des Erkennenden und die Hoffnung des Gläubigen. Gedanken, Hoffnungen, Enttäuschungen, Energien hat er fünf lange Jahre komprimiert. Plötzlich erlebt er die Freiheit, die immer ein Wunder ist, auch, wenn man sie erwartet und sich auf sie vorbereitet. Es gehört eine große Kraft dazu, sich auf Sachlichkeiten zu konzentrieren. Rede und Antwort zu stehen, wo die Fragen so banal, so unwürdig sind, so gedankenlos, so schablonenhaft, wie sie frei herumlaufende, außer Festungshaft befindliche Journalisten hervorbringen können. Ich gestehe, daß ich mit Toller *kein* »Interview« gehabt habe. Auf die Frage: Wie geht es Ihnen? hätte er mir mit Recht antworten können: Ihnen gesagt – solange Mühsam in der Haft stirbt! ...

Und so gilt dieser Gruß an den befreiten Ernst Toller – seinen gefangenen Genossen. Von ihnen weiß der Dichter viel mehr zu erzählen als von sich selbst. Erich Mühsam ist nicht mehr fähig, ein halbes Jahr Festungshaft lebend zu überstehen. Aber es ist auch nicht leicht möglich, ihn zu retten. Und so werden wir, so wird Europa zusehen, *wie ein Unschuldiger langsam zu Tode gefoltert wird.* Niemand regt sich darüber auf. Als Toller vorgestern im Residenztheater zum erstenmal seinen »Hinkemann« sah und am Schluß über die Qualen seiner Mitgefangenen sprach, – wer war da von der Presse anwesend? Die Theaterkritiker der bürgerlichen Blätter, die auf ein Drama, wie »Hinkemann«, weil es proletarische Schmerzen behandelt, den großen Bannfluch des Berliner Kritikerverbandes schleudern und aus gekränkter Ästhetenkehle: »Tendenz! Tendenz!« schreien. Wo aber bleiben die Leitartikler? Freilich – die Begeisterung der Zuschauer war grenzenlos. Sie galt dem Stück, dem Dichter, den Gefangenen in Niederschönenfeld. Aber gültig ist hierzulande nicht die Stimme des Volkes. Über ein Stück entscheiden die Kritiker, über Leben und Tod der deutschen Dichter die Justizfeldwebel.

Im Rechtsausschuß des Deutschen Reichstages sprach Toller am nächsten Tage über die bayerische Justiz. Aber nur *ein* Demokrat kam und hörte zu. Alle bürgerlichen Parteien blieben zu Hause. Wie? Fürchteten sie eine menschliche Regung? Hatten sie Angst vor der Erschütterung des so unwahrscheinlich widerstandsfähigen Gewissens? Sie erinnern an die Anekdote von jenem Kapitalisten, der seinen Dienern zurief, als ihn ein verhungerter Bettler besuchte: »Schmeißt ihn hinaus! – Er bricht mir sonst das Herz!«

Man möchte nicht gerne einen befreiten Dichter begrüßen mit der Mahnung: Sie reden tauben Ohren. Ihr Genosse Mühsam leidet an Arteriosklerose. Es ist die deutsche Krankheit, Ernst Toller! Die Gehirnverkalkung grassiert! Erich Mühsam ist in der Gefangenschaft taub geworden! Aber die bürgerlichen Politiker sind schon längst taub gewesen! Indem wir Sie grüßen, weinen wir, Dichter Toller! ...

Josephus

Der Hakenkreuzler

Lachen links, 25. 7. 1924

Der Professor von Freytagh-Loringhoven
hat ihn mit Bartels und Wulle gezeugt,
also zum ersten Mal die Fruchtbarkeit deutscher Ur-
kraft erweisend.
Das Kainszeichen des Hakenkreuzes auf der gesenkten
doofen
Stirn – lebt er und wird gesäugt
Von den Alma-Mater-Brüsten der Magnifizenz Roethe
und von Ludendorff gedrillt, wenn dieser zufällig nicht
nach
Schweden reisend.

Immer verfolgt ihn ein wüster Traum
Von schwarzen Juden, die seine weißen Mäuse sind, – –
(In der Trunkenheit ist er nämlich politisch farben-
blind;)
Und er sieht den Juden auf dem deutschen Kaiserthron,
in der römischen Kirche und in seiner eigenen Organisation
und er erkennt in der Ahnenreihe des deutschen Goethe
einen Stammbaumvater der Poesie, namens Rosen-
baum.

Josephus

Der Kriegsberichterstatter

Lachen links, 1. 8. 1924

Er hatte Sonne im Herzen, seine »Unabkömmlichkeit bescheinigt« in der Tasche, er war der Mittler zwischen der Begeisterung des Hinterlands und der stumpfen Gleichgültigkeit der Front, er war der moderne Barde des modernen Krieges, seine Kriegsgedichte waren Telegramme, seine Muse war das Pressequartier, er war General-Interviewer und Siegesprophet, weit genug vom Schützengraben, um in Stimmung zu bleiben, nahe genug, um den Jammer zu sehn, und klug genug, um ihn zu verschweigen.

Er war ein Marketender der öffentlichen Meinung. Zehn Kilometer hinter der Front hatte er seinen Berichterstattungsladen aufgeschlagen und verkaufte Zuversicht. Den Prostituierten, die, wie er, mitgezogen waren, um den Patriotismus zu erhalten, fühlte er sich keineswegs verwandt, obwohl er sich billiger, als sie es getan, verkauft hatte. Manchmal wurde er mit einer Latrine verwechselt – von Leuten, deren Geruchsorgan auf geistigen Gestank reagiert. Dennoch durfte er nicht benützt werden, denn nicht jeder Mißbrauch, sondern jeder Gebrauch wurde im Felde bestraft.

Er trug eine phantastische Uniform und als das Abzeichen der Presse, die er vertrat, nicht etwa den Revolver, sondern eine Feder. Deshalb hielt man ihn für einen »Waschlappen« und ignorierte seine militärischen Fähigkeiten, obwohl er den Krieg genau so verlieren konnte wie jeder bessere General. Er schlug, zwar nicht sein Leben, wohl aber seinen heimatlich-redaktionellen Schreibtisch in die Schanze, als er in Gefahr war, die Schanze graben zu müssen. In den Ruhepausen und vor jeder neuen Musterung schrieb er schnell einen Haßgesang, ein Aushebungslied, und erreichte so, daß er in den vordersten Schützengraben der Kriegslyrik gelangte, die ihre Position hinter dem Armeeoberkommando aufgeschlagen hatte.

Hier schwebte er im Fesselballon über den Leichenfeldern, die nur aus diesem Grunde stanken. Und weil er ohnehin in Hindenburgs nächster Nachbarschaft kämpfte, hatte er es nicht weit bis zum Interview mit Ludendorff. Er übernahm es sogar, die Verachtung, die ihm Generale entgegenbrachten, statt ihrer zuvorkom-

99

mend zu schlucken, damit Jene reden könnten. Mit seiner tapferen Rechten stenographierte er für König und Vaterland.

Manchmal bekam er sogar einen Orden für tapferes Verhalten weit vor dem Feind. Dann fuhr er ins Hinterland und erzählte von »unseren Feldgrauen«, obwohl diese niemals von »unserm Kriegsberichterstatter« sprachen. Sie lasen nur gelegentlich, was er berichtet hatte und bewunderten seine Phantasie, der die Sachkenntnis keine Hemmungen bereitete. Wild galoppierte sie dahin auf gepanzertem Pegasus. Sie ritt Attacken der Stimmungsmalerei. Es war die Kavallerie der Durchhaltekunst.

Aus allen gefahrlosen Zonen kehrte er glücklich heim, der Kriegsberichterstatter. Dann fuhr er nach Versailles. Heute macht er für neue Kriege Reklame. Er ist der Propagandachef der Firma Revanche, General und Co. Er verfaßt Leitartikelplakate. Er ist selbst eine Litfaßsäule der Begeisterung an den Ecken der Heerstraßen. Er sehnt sich nach Heldentaten, Haßgesängen und Interviews. Für ihn läßt Gott Stahlfedern wachsen.

Vorläufig berichtet er über Denkmalsenthüllungen. Er produziert nationale Belange. Er ist der Krupp der Phrasengeschosse. Er widersteht jeder Kontrollkommission, weil er ihr entgeht, wie er den Granaten entgangen ist. Es ist sein Schicksal, zu entgehn. Wir büßen sein Leben mit unserm Tod. Er ist international: Hier heißt er Maurenbrecher und in Paris Sauerwein. Er hat viele Namen und ist immer derselbe. Er unterscheidet sich von einer Hydra nur dadurch, daß sie Köpfe hat und er nicht einen einzigen.

Man kann ihm gewissermaßen nichts abschlagen ...

Josephus

Die Invaliden grüßen den General

Lachen links, 1. 8. 1924

Zehn Jahr' sind um, zehn Jahr' sind um,
es faulen unsre Knochen,
das Auge blind, das Rückgrat krumm
und Bauch und Brust zerstochen;
es hat die Milz ein großes Loch,
es brennt in Herz und Niere – –
Noch leben wir! – Wir leben noch!
Und sind nicht Mensch noch Tiere – –
Wer aber blieb von allen heil
trotz Bombenwurf und Donnerkeil?

Wer aber kam gesund nach Haus
zu Weib, Pension und warmem Flaus?
Es war der Herr, der uns befahl: – –
Herr General! – Herr General! –

Wir gratulieren, General,
Du hast den Krieg gewonnen!
Durch Ehrenfeld und Heldental
ist unser Blut geronnen – –
es rötete das Blut den Stahl –
Erinnerst du dich, General?!
es kommandierten schauerlich
die Herren Offiziere,
wir krochen durch den Dreck für dich,
in uns dein Schrei: Krepiere!
Wer blieb denn von uns allen heil,
Wer zahlte keine Spesen,
Wen traf kein Stich, wen traf kein Pfeil,
Wer brauchte nicht Prothesen?
Es war der Herr, der uns befahl: – –
der General! – der General! –

Heut hinken wir, heut kriechen wir,
es kracht in den Scharnieren,

wir können dir, wir können dir
nicht stramm mehr salutieren – –
Wir bieten Streichholzschachteln feil,
wie du uns feilgeboten,
wir wimmern und wir stöhnen: Heil
dem tiefen Tod der Toten!
Erinnerst du dich General?!

Schläfst du auch gut, und melden
sich dir im Traum nicht manches Mal
noch deine toten Helden?
Verwüstet ist ihr Angesicht,
sie suchen ihre Knochen –
Der findet seine Nase nicht
und kommt zu dir gekrochen
Und hockt auf deines Bettes Rand
und fragt: Wer kam ins Vaterland
zurück und blieb an Gliedern heil,
trotz Bombenwurf und Donnerkeil?
Wen traf kein Stich, wen traf kein Pfeil?
War es der Herr, der uns befahl?!
Bist du gesund, Herr General!?

Josephus

Ungeziefer

Lachen links, 10. 10. 1924

Es ist die deutsche Republik
ein neues Haus mit alten Betten,
man kann kein deutsches Möbelstück
vor Ungeziefer retten:
Hier hüpft ein Prinz, ein junger Floh,
dort kriecht die Laus, ein alter König,
es juckt am Kopf, und anderswo
juckt es uns auch nicht wenig ...
es nagen in der Dunkelheit,
in eines Rechtsanwaltes Schatten,
an unserm Speck, an unserm Kleid
die Hohenzollern-Ratten.
Sie hüpfen auch bei Tageslicht
auf Tischen und auf Bänken,
denn jedes Deutschen erste Pflicht
ist's: Ratten zu beschenken.
Der Kronprinz huscht, der Mäuserich,
zum Jubel aller Mäuse,
in Potsdam auf dem noblen Strich
der Ordensmummelgreise...
Es stinkt enorm monumental
aus unsern Strohmatratzen,
es kratzt feudal ein General
mit seinen blut'gen Pratzen,
er kratzt uns wund, er kratzt uns weh
zu unserem Entzücken,
und kitzelt mit dem Portepee
uns unsern krummen Rücken – –
Indessen dringt ein Mordsgestank
aus alten deutschen Kronen,
wir singen Heil, wir singen Dank
den stinkenden Regionen,
wir sind so deutsch, wir sind ganz hin,
wenn wir mal einen Floh verlieren – –
Deutsch sein heißt: *ohne Zacherlin*
Krepieren!

Josephus

Die Internationale

für Kapital, Kaplan und General,
zu singen nach der bekannten Melodie

Lachen links, 17. 10. 1924

Wir sind die Internationale
aus Gold und Blut und Ekrasit:
Wir leihn auf Zinsen Ideale
und wuchern noch mit dem Profit;
uns dienen tausend Generale
vom Appenin bis an den Belt:
Die Internationale
regiert die ganze Welt! ...

Wir putzen täglich die Symbole
zu neuem Glanz und altem Trug:
es schürft der Sklave unsre Kohle,
und wimmert hinter unserm Pflug,
den Blick gesenkt, die Ideale
der sauren Arbeit beigesellt:
Die Internationale
regiert die ganze Welt!...

Wir sind die dicken Totengräber,
wir mästen uns an Blut und Schorf:
Es leben unsre Spesengeber,
der Horthy und der Ludendorff.
Wie Felsen stehn die Generale,
an denen Volk um Volk zerschellt:
Die Internationale
begräbt die ganze Welt!...

Einst kommt die große Nacht der Nächte,
schon bricht sie an, die Dunkelheit,
Da stinkt das Gas! und unsre Knechte
marschieren in die große Zeit...

Horch, Horch: Signale der Schakale,
sie wittern eurer Ehre Feld:
Die Internationale
regiert die wüste Welt!...

Josephus

Das neue Lesebuch

Lachen links, 28. 11. 1924

Wirf sie ab, die Pietät!
Rostig sind die Ideale!
Was im Lesebuche steht,
ist nur eine hohle Schale!
Reiß dir jeden »deutschen Spruch«
aus der Seele, aus dem Magen:
Deutsches Volk, es ist dein Fluch,
Pietät herumzutragen ...

Volk, verliere den Respekt
Vor den leeren Monumenten,
steh' nicht so verdammt erschreckt
vor »historischen Momenten«!
Hinter der Geschichte Glanz
birgt sich Trödel, fahler, greiser –
Reiß dich los vom Rattenschwanz
deiner alten deutschen Kaiser! ...

Pfeife auf die Tradition
der verkalkten Professoren!
Lümmle dich in jeden Thron!
Und laß keinen ungeschoren,
der dir was von Achtung spricht –
Niemals hat man *dich* geachtet,
jeder königliche Wicht
saß im Glanz – du warst umnachtet!

Deine Dichter sangen dir
fromme Sprüche, zahme Lieder,
und sie schrieben aufs Papier,
daß du sittig bist und bieder! –
Deutsches Volk, du warst zu lang
Primus in Europas Klasse –
Stimm' ihn an, den Spottgesang
auf des Hohnes frechstem Basse!

Lies mit heit'rer Ironie
jeden deutschen Leitartikel,
jede fromme Melodie
störe bei dem frömmsten Stückel!
Hab' nicht so enorme Angst
vor moralischer Pathetik!
Wenn du vor dem Vollbart bangst,
sagt er: dieses heiße »Ethik« ...

Volk, wie bist du schwach und stark!
Eine Predigt kann dich lähmen!
Brauchst dich vor dem alten Quark
keineswegs zu schämen!
Wie man sich vor Herren schützt,
mußt du einmal lernen,
und, wie man das Beste nützt,
was ein braves Volk besitzt –
es sind die Laternen! –

Josephus

Bürgerliche Kultur

Lachen links, 12. 12. 1924

Rechts ist ein Korso, links ein Strich
und in der Mitte Reitalleen –
so ist man immer unter sich
und kann die letzten Moden sehen –
Man trifft sich im Café intim
und wiederkäut die Operette –
Nach Mitternacht geht sie zu ihm
und er zu ihr ins Eh'bruchbette.

Rechts ist ein Tempel, links ein Kreuz,
rechts beten Juden, links die Christen,
man trifft sich nachher beiderseits,
um alte Götter auszumisten. –
Denn in der goldnen Mitte ragt
Der Goldgott über Kreuz und Sternen. –
Das Konto ruft – der Vater sagt:
Ein Sohn muß das Verdienen lernen!...

Rechts ein Bordell und links die Bank,
Ein Monument steht in der Mitte –
Rechts ein Parfüm, links ein Gestank,
Rechts Syphilis und links die Sitte –
Dazwischen geht ein Kolporteur
mit kosmischem Lokal-Anzeiger:
Rechts Politik, links ein Malheur
mit Nacktballett und Shimmygeiger ...

Rechts ein Lokal, links ein Lokal –
Lokal-Anzeiger in der Mitte ...
Rechts Kapital, links General;
Im Auto und mit Stechmarschtritte – –
Und seitwärts singt ein Invalid:
»Lieb Vaterland, hast gute Beine! –
Du legst mit gütigem Gemüt
mich mütterlich auf Pflastersteine!«

Rechts Tennisplatz, links die Fabrik –
Dazwischen gähnt ein tiefer Graben –
es führt kein Weg vom Leid zum Glück –
und Tod und Sport sind Schicksalsgaben:
es hüpft ein Ball – durch Mauern dringt
ein Radgestöhn, das sich verirrte –
Ein Kronprinz tummelt sich beschwingt
vom Sport weg in die Illustrierte ...

Hier ist Kultur! – Die Diele blinkt
in amourösem Ampelscheine –
Wer Geld hat, lebt! Wer Geld hat, trinkt!
Wer kein's hat, hat die Wäscheleine! ...
Die Polizeipatrouille späht,
ob sie auch richtig alle hängen – –
es hat sich niemals ein Prolet
in's Leben listig einzudrängen.

Hier ist Kultur! – Wie wär' es schad,
dies Wort des Bürgers zu vernichten!
Die Gleichheit macht die Welt so fad!
Gott will den Unterschied der Schichten!
Die Welt ist eine Eisenbahn
mit ersten, zweiten, dritten Klassen,
Verboten ist's, den Untertan
auf einen weichen Sitz zu lassen ...

Reise in Rußland

Vortrag über die Eindrücke der Rußlandreise

(Fragment eines Entwurfs)
Frankfurt am Main, Januar 1927

Meine Herren,

ich werde mich bemühen, Ihnen heute abend zu beweisen, daß das Bürgertum unsterblich ist. Die grausamste aller Revolutionen, die bolschewistische, hat es nicht zu vernichten gemocht. Und nicht genug daran: diese grausame bolschewistische Revolution hat ihren eigenen Bürger geschaffen. Ich will Ihnen gerne gestehen, daß das Fragezeichen hinter dem Titel meines heutigen Vortrags nicht etwa meinen Zweifel an der Existenz des bolschewistischen Bürgers ausdrücken sollte, sondern den Zweck hatte, Sie neugierig zu machen. Ich wollte nicht etwa sagen: Ist so etwas wie ein bolschewistischer Bürger möglich? Ich wollte sagen: ist es nicht ein Witz, daß man von einem bolschewistischen Bürger sprechen kann?

Entsinnen Sie sich, was der Klang des Wortes »Bolschewik« noch vor einigen Jahren für deutsche bürgerliche Ohren bedeutete, bedenken Sie, was er heute noch für französische Ohren bedeutet. »Bolschewismus« hieß Zerstörung der materiellen bürgerlichen Kultur, Bolschewismus hieß die Gefahr, die dem Leben und dem Besitz drohte. Indessen sind ein paar Jahre vergangen, nur ein paar Jahre sind vergangen. Und das Wort Bolschewismus verlor in dem Maße seine Gefährlichkeit, in dem die erste revolutionäre, die erste proletarische Regierung der Welt und der Geschichte im bürgerlichen Ausland Handelsvertretungen zu errichten begann. Es scheint mir, meine Herren, daß man denjenigen nicht ernstlich bedrohen kann, mit dem man Geschäfte macht. Vergeblich hat sich die Sowjetregierung bemüht, diese Fiktion aufrechtzuerhalten. Vergeblich bemüht sie sich noch heute, das Gleichgewicht zu finden zwischen ökonomischen Notwendigkeiten und den Forderungen des Prinzips. Vergeblich bemüht man sich in Sowjetrußland, die revolutionäre Reputation zu retten, ohne den sogenannten Aufbau des Staates zu stören. Aber es geht nicht länger mit der revolutionären Reputation, wie es *noch* nicht geht mit dem Aufbau des Staates. Nach dem roten, ekstatischen, blutigen Terror der aktiven Revolution kam in Rußland der dumpfe, stille, schwarze, der Tinten-Terror der Bürokratie. Man könnte sagen: Wem Gott in Sowjetrußland ein Amt gibt, dem gibt er auch eine bourgeoise Psychologie. Bei einem so bürgerlichen Wesen, wie es Gott nach der Meinung aller eingefleischten Marxisten ist, soll es mich nicht wundern. Aber wenn eine so revolutionäre Macht, wie es der Sowjet ist, die göttliche Funktion der Ämterverteilung übernimmt, so muß man schon staunen über das Maß der kleinen Schreibtisch-Bürgerlichkeit, die im heutigen Rußland das öffentliche Leben bestimmt, die innere Politik, die Kulturpolitik, die Zeitungen, die Kunst, die Literatur und einen großen Teil der Wissenschaft. Alles ist beamtet. Jeder Mensch auf der Straße trägt irgendein Abzeichen. Jeder ist eine Art öffentlicher Faktor. Alles ist mobilisiert. Es ist ganz genau, wie im Kriege, wo der Heroismus und die Romantik in Wirklichkeit mit Löschblatt, Tintenfaß und Gummiarabicum hantierten. Auch die Revolution hat allgemeine Mobilisierungen und letzte Aufgebote. Der Marxismus konnte ein bürgerliches Volk, wie es das deutsche ist und wie es noch stärker in den Entstehungsjahren der deutschen Sozialdemokratie war, revolutionieren. Aus Veteranen, die an Kaisers Geburtstag Zylinder tragen, kann die Kühnheit eines kommunistischen Manifests wahrscheinlich revolutionäre Menschen machen. Aber aus einem echten Reitervolk, wie es das russische immer gewesen ist, macht der Marxismus im literarisch-ästhetischen Sinn Bürger. Derjenige, dem die russische Geschichte der letzten Jahrzehnte nicht sehr geläufig ist, der ist leicht geneigt, die heutigen Kommunisten mit den kühnen und wirklich heroischen Attentätern zu verwechseln, die den Zarismus schon in den letzten Jahrzehnten des neunzehnten Jahrhunderts zu erschüttern begannen, denen Zaren und Minister zum Opfer fielen. Aber jene Bombenwerfer waren keineswegs Marxisten, sie waren Sozialrevolutionäre, von Sozialisten stärker gehaßt als bürgerliche Konservative. Die kühnsten Kommunisten: Trotzki, Radek, Lenin sehen an der Seite der Sozialrevolutionäre sehr bieder und bürgerlich aus. Sie folgten eben einem Prinzip, das die Leidenschaft für schädlich hält, das Temperament für sekundär, die Begeisterung für eine Schwäche. Dieses Prinzip anwenden heißt das russische Volk vergewaltigen. Ironien der Weltgeschichte hat es immer gegeben. Aber daß die Weltgeschichte höhnisch wird, erlebt man selten. Dies nun ist ein Fall, in dem die Geschichte offenkundig Hohn zeigt. Diese Theorie, die das Proletariat befreien soll, die die Klassenlosigkeit des Staates, der Menschheit zum Ziel hat, diese Theorie macht, wo sie zum ersten Mal angewendet wird, aus allen Menschen kleine Bürger. Es ist ihr besonderes Pech, daß sie gerade in Rußland zum ersten Mal ausprobiert wird, wo es niemals kleine Bürger gegeben hat. Der Marxismus erscheint in Rußland eben auch nur als Teil der bürgerlich-europäischen Zivilisation. Ja, es sieht beinahe so aus, als hätte die bürgerliche europäische Zivilisation den Marxismus mit der Aufgabe betraut, in Rußland ihr Schrittmacher zu sein.

Ich weiß nicht, ob jemand von Ihnen das alte Rußland kennt. Wer jemals in Rußland gewesen ist, hat gesehen, wie gewaltig der Unterschied zwischen der europäischen und der russischen Bourgeoisie war. Der russische Kaufmann hat eine ritterlich-aristokratische Tradition. Es waren in Rußland Kaufleute, die Sibirien eroberten und besiedelten, sie töteten noch eigenhändig die Bären, mit deren Pelzen sie handelten, sie machten Jagd auf Tier und Mensch, sie gründeten die ersten Siedlungen in Asien. Diese Tradition war bis in die letzten Jahre lebendig. Der Moskauer Kaufmann fuhr mit dem Lichač,[1] dem schnellsten Wagen der Welt, durch die Straßen der Stadt, es war sein Ehrgeiz, das Pferd solange anzutreiben, bis es zusammenbrach, er war ein Herr, in einem ganz feudalen Sinn. Nach der marxistischen Theorie gab es freilich Bürger in Rußland, das heißt Leute, die von unproduktiver Arbeit leben. Aber diese Bürger waren nach Sinnesart und Lebensweise, nach Weltanschauung und Gewohnheit aristokratischer als unsere preußischen Junker zum Beispiel. Man kann sagen: im nicht-marxistisch-wissenschaftlichen Sinn gab es überhaupt keine Bourgeoisie in Rußland. Und ausgerechnet der Marxismus ist berufen, eine zu schaffen.

Es gibt keinen schlimmeren Typus als den kleinbürgerlichen Revolutionär, den Karrieremacher, den arrivierten Bürokraten. Es ist ein Gedränge vor den engen Türen der kommunistischen Partei, es gibt Protektionskinder, wie nur in dem sehr bürgerlichen Frankreich, es gibt Streber und Mißgünstige, von augenblicklich Herrschenden getragen und von Gefallenen fallen gelassen. Es ist wahr,

---

[1] tollkühn gefahrene, elegante Kutsche

daß in Rußland nicht mehr bestochen wird wie zur Zeit des Zaren. Für Bestechungen kommt man nach Sibirien – und zwar sowohl der Bestechende als auch der Bestochene. Man konnte sagen: charakteristisch für das alte Rußland war die nach Trinkgeldern ausgestreckte Hand. Aber charakteristisch für das heutige ist der gekrümmte Rücken. Eine Theorie, die Rußland urbanisiert, eine Ideologie, die erst zur Geltung kommen kann, wenn dieses geheimnisvollste, natürlichste sozusagen: schollenhafteste aller europäischen Länder auf eine rapide Weise amerikanisiert ist, schafft, trotz aller Phrasen, den typisch bürgerlichen Menschen. Man verachtet in Rußland den Tanz – nur einmal wöchentlich und nur in Leningrad darf öffentlich getanzt werden. Aber es ist eine Kurzsichtigkeit ohne Beispiel, eine Weltfremdheit echter Ideologen, wenn man nicht sieht, daß der Jazz und Charleston stärker mit der Maschine zusammenhängen, mit der Mechanisierung des ganzen Lebens, als etwa mit der sogenannten »bürgerlichen Unmoral«. Man tanzt auch schon in allen kommunistischen Klubs. Die Sitte einer Zeit wird eben nicht nur, und nicht in erster Linie bestimmt von den Produktionsverhältnissen, von Einnahmen, von Erwerbsformen. Sie wird bestimmt von dem Lebensinhalt der Menschen, vom Lebensinhalt der Zeit. Man ist nicht unmoralisch, weil man ein Arbeitgeber ist, ebenso wie man nicht unmoralisch ist, weil man ein Arbeitnehmer ist. Man tanzt nicht Charleston, weil die Welt kapitalistisch ist. Man tanzt ihn, weil er eine der Kunst- oder Geselligkeitsausdrücke dieser Zeit ist. Man ist nicht flach oder banal, nur weil man Geld verdient, ebenso wie man nicht tief und geistreich ist, nur weil man an der Maschine steht. Zwischen dem Arbeitnehmer und dem Arbeitgeber, die sich beide so feindlich gegenüberstehn, sind mehr Ähnlichkeiten als beide wissen. Bindender als eine Gesinnungsgemeinschaft ist die Gegenwartsgemeinschaft und näher als der tote Parteigenosse ist mir der lebendige Zeitgenosse. Wenn also der Kommunismus Rußland, das hundert Jahre hinter Europa war, in die vollste Gegenwart hineinstoßen will, so muß er es schon bürgerlich machen. Denn diese Gegenwart ist bürgerlich. Die russische Revolution ist nicht etwa eine proletarische, wie ihre Repräsentanten meinen. Sie ist eine bürgerliche. Rußland war ein feudales Land. Es fängt an, ein urbanes, ein stadtkulturelles, ein bürgerliches zu werden.

Aber weil eine bestimmte Ideologie diese Revolution geleitet hat, und weil bestimmte Ideologen sie noch heute verwalten, beziehungsweise das, was von ihr übriggeblieben ist, wird in Rußland so getan, als regierte man sozialistisch, als bereite man wirklich den Sozialismus vor. Noch sieht es heute oberflächlich so aus, als wäre dieses Land wirklich eine ganz neue Welt. Noch sieht es heute so aus, als gäbe es die alten Klassen wie in europäischen Ländern nicht mehr. Aber man merkt bald, daß es eine falsche, eine verhüllende Nomenclatur für die alten wohlbekannten Zustände sind. Die Frage nach der sozialen Stellung, nach dem Platz, den Einer in dem sozialen Gefüge des Landes einnimmt, ist nicht mehr die wichtigste: Was sind Sie: Aristokrat, Industrieller, Kaufmann, Mittelständler, Proletarier? Diese Frage gilt nicht mehr. Es gibt ja vor allem nicht viele Berufe, welche die primärsten Abzeichen der sozialen Rangklasse sind. Man teilt also im heutigen Rußland die Menschen ein in: Kommunisten, Proletarier, mit dem kommunistischen Programm Sympathisierende, ehrliche Parteilose (»čestnyje bespartijnyje«), Neutrale, Oppositionelle, die freilich nicht wagen dürfen, offen zu protestieren, von denen man es aber vermuten kann. Da fast alle Menschen, die früher freie Berufe ausgeübt hatten, Kaufleute, Rechtsanwälte, Bankdirektoren, Fabrikanten waren, heute in Ämter eintreten und Gehälter beziehen, kann man sie leicht als Proletariat oder Halbproletariat in der Statistik mitzählen. Sie marschieren ja auch fleißig an den revolutionären Feiertagen in den proletarischen Umzügen mit, freilich, weil sie sich fürchten und nicht weil es ihnen ein Bedürfnis ist. Sie marschieren bei den Demonstrationen, sie marschieren in der Statistik mit. Und so sieht es nach oberflächlicher Betrachtung aus, als marschierten von den 140 Millionen Russen mindestens 130 auf der Seite der Kommunisten. Ich glaube nicht einmal immer an eine bewußte Täuschung. Ich glaube, die Kommunisten täuschen sich selbst über die wirkliche Stellung der Bevölkerung zu ihrer Ideologie. Denn die heute herrschenden Kommunisten sind längst nicht mehr die raffinierten Dialektiker von ehemals. Sie sind gute, brave, mittelmäßige Optimisten und Dogmatiker. So naiv, wie sie sich den Bourgeois vorstellen, so naiv stellen sie sich die Wirkung ihrer Ideologie auf den russischen Nichtproletarier vor. Sie brauchen nur in einen der russischen Filme zu gehn, aber nicht in jene, die man nach Westeuropa schickt und die meist gut sind, sondern in einen jener vielen für die Taubheit des abgeschlossenen Inlands berechneten, in dem der böse Bürger auftritt. Der trägt immer einen Zylinder und einen Bauch. Er umfaßt liebend die ... [Es folgen im Manuskript zwei Wörter, die durch eine Beschädigung unlesbar geworden sind.] und sein schwarzes Herz ist voller Grausamkeit gegen den Proleten. Dies wundert mich übrigens gar nicht. Denn selbst die vernünftigsten Führer der kommunistischen Partei haben niemals einen richtigen Bürger in der Nähe gesehen. Sie haben zwar in westeuropäischen Städten gewohnt, aber in Proletarvierteln, sie hatten leider keine Gelegenheit, ein bürgerliches Haus zu sehn und so oft sie von Bürgern reden, haben sie ein plumpes, flaches Klischee zur Verfügung, vielleicht den Schweizer Bürger im besten Fall, von Zürich her, das der beliebte Verbannungsort war.

Dies nur nebenbei.

Ich wollte Ihnen auseinandersetzen, daß es selbst für nicht sehr genaue Beobachter in Rußland bürgerlich aussehen würde, wenn nicht eine bestimmte Gruppe in Rußland vorhanden wäre, an der man unaufhörlich beweisen könnte, daß man doch kommunistisch ist. Das ist die Gruppe der Nep-Leute, der *neuen Bourgeoisie*. Die Revolution selbst hat sie geboren. Sie fürchten sich nicht vor der Revolution. Wenn ich den Typus des verbürgerlichten Revolutionärs den bolschewistischen Bürger genannt habe, so könnte man den neuen russischen Bourgeois vielleicht einen bürgerlichen Bolschewiken nennen. Ich nenne hier Bolschewismus in jenem primitiven Sinn, in dem während des Krieges die russischen Bauern das Wort gebraucht haben. Sie sagten damals: die Bolschewiken seien Kerle, mit denen sich leben läßt. Aber die Kommunisten seien Juden, die man ruhig erschlagen sollte. Also die Bauern meinten Bolschewik in dem Sinn von Heroentum, Abenteurer-Mut. Und es ist nun eine der Ironien im Verlauf dieser Revolution, daß heute die einzigen Bolschewiken in dem oben erläuterten Sinne – die bürgerlichen Kaufleute sind. Sie müssen sich, wenn Sie sich einen neuen russischen Bürger vergegenwärtigen wollen, etwa unsere Schieber aus der Inflationszeit vorstellen. Aber allerdings einen Schieber von russischem Ausmaßen. Er ist eine Art Landpirat, vogelfrei und ohne Rechte. Aber er macht sich auch nicht das Geringste aus Rechten. Er verzichtet darauf, in diesem Staat berechtigt zu sein, den er haßt und den er bekämpft. Es ist ein unaufhörlicher Krieg zwischen ihm und dem Staat. Der neue Bürger sitzt in vielen Gefängnissen und an vielen ist er vorübergestreift.

Über tredition

Eigenes Buch veröffentlichen

tredition wurde 2006 in Hamburg gegründet und hat seither mehrere tausend Buchtitel veröffentlicht. Autoren veröffentlichen in wenigen leichten Schritten gedruckte Bücher, e-Books und audio-Books. tredition hat das Ziel, die beste und fairste Veröffentlichungsmöglichkeit für Autoren zu bieten.

tredition wurde mit der Erkenntnis gegründet, dass nur etwa jedes 200. bei Verlagen eingereichte Manuskript veröffentlicht wird. Dabei hat jedes Buch seinen Markt, also seine Leser. tredition sorgt dafür, dass für jedes Buch die Leserschaft auch erreicht wird.

Im einzigartigen Literatur-Netzwerk von tredition bieten zahlreiche Literatur-Partner (das sind Lektoren, Übersetzer, Hörbuchsprecher und Illustratoren) ihre Dienstleistung an, um Manuskripte zu verbessern oder die Vielfalt zu erhöhen. Autoren vereinbaren direkt mit den Literatur-Partnern die Konditionen ihrer Zusammenarbeit und partizipieren gemeinsam am Erfolg des Buches.

Das gesamte Verlagsprogramm von tredition ist bei allen stationären Buchhandlungen und Online-Buchhändlern wie z. B. Amazon erhältlich. e-Books stehen bei den führenden Online-Portalen (z. B. iBookstore von Apple oder Kindle von Amazon) zum Verkauf.

Einfach leicht ein Buch veröffentlichen: **www.tredition.de**

Eigene Buchreihe oder eigenen Verlag gründen

Seit 2009 bietet tredition sein Verlagskonzept auch als sogenanntes "White-Label" an. Das bedeutet, dass andere Unternehmen, Institutionen und Personen risikofrei und unkompliziert selbst zum Herausgeber von Büchern und Buchreihen unter eigener Marke werden können. tredition übernimmt dabei das komplette Herstellungs- und Distributionsrisiko.

Zahlreiche Zeitschriften-, Zeitungs- und Buchverlage, Universitäten, Forschungseinrichtungen u.v.m. nutzen diese Dienstleistung von tredition, um unter eigener Marke ohne Risiko Bücher zu verlegen.

Alle Informationen im Internet: **www.tredition.de/fuer-verlage**

tredition wurde mit mehreren Innovationspreisen ausgezeichnet, u. a. mit dem Webfuture Award und dem Innovationspreis der Buch Digitale.

tredition ist Mitglied im Börsenverein des Deutschen Buchhandels.

Dieses Werk elektronisch lesen

Dieses Werk ist Teil der Gutenberg-DE Edition DVD. Diese enthält das komplette Archiv des Projekt Gutenberg-DE. Die DVD ist im Internet erhältlich auf **http://gutenbergshop.abc.de**

Ingram Content Group UK Ltd.
Milton Keynes UK
UKHW022126060323
418148UK00006B/350